Marie Veit

# Theologie muß von unten kommen

W0211092

INHALT

## Dorothee Sölle: Marie Veit

*Ein Vorwort*

Marie Veit gehört zu den besten Theologinnen deutscher Sprache; das bedeutet in ihrer (und meiner) Generation, daß sie in der Bundesrepublik nicht die Karriere, die ihr zukäme, gemacht hat. Frauenspezifisch ist die Verzögerung: erst relativ spät erreichte sie den Übergang von der Schule zur Hochschule, und noch zurückhaltender war sie mit Veröffentlichungen. Was daran frauenspezifisch oder besser: feministisch ist, will ich mit Hilfe einer Anekdote erklären. Beverley Harrison, amerikanische Theologin, sollte eine volle Professur erhalten, hatte aber nicht genug veröffentlicht. In dem daraus entstehenden Konflikt zwischen der Institution und den Studentinnen gab sie eine „Selbstbewertung" ab. Sie erklärte, als Sozialethikerin sei es ihr Ziel, Menschen auszubilden, die Veränderungen auf Gerechtigkeit hin bewirken könnten. Alles, was diesem Ziel diene, sei wichtig. Schreiben könne ihm dienen, müsse es aber nicht; lehren, beraten, ermutigen, Seelsorge treiben oder Konferenzen organisieren könne mindestens ebenso notwendig sein. Die Priorität liege für sie als Feministin nicht in der akademischen Karriere, nenne man sie nun ‚Forschung' oder ‚Lehre', sondern eben in dieser Befähigung, Agenten der Veränderung zu erziehen.

Jedes Wort dieser nicht-akademischen, christlichen Auswertung trifft auf Marie Veit zu. Wenn sie sich, nicht ohne Ironie, als ‚bürgerliche Theologin' benennt, so ist das die ‚situation de classe' keineswegs die ‚position de classe', um eine wichtige Unterscheidung der französischen Diskussion Louis Althussers aufzugreifen. Marie Veits Stellungnahme zu den großen Auseinandersetzungen zwischen den Armen und den Reichen, den Waffenlosen und den Rüstungsprofiteuren, dem biblischen Glauben und der an der Macht teilhabenden Kirche ist seit Jahrzehnten gewachsen und erprobt. Sie denkt parteilich. ‚Bürgerlich' an ihr ist nur die Genauigkeit, die Präzision, die wissenschaftliche Zuverlässigkeit und eine, sozusagen frühbürgerliche, Bescheidenheit der Ausdrucksweise.

Marie Veit ist – und war schon, ehe das Wort aufkam, – eine Theologin der Befreiung. Nicht im Sinne eines lateinamerikanischen Imports, sondern im Sinne der Notwendigkeit eines anderen Christentums nach der Erfahrung des deutschen Faschismus. In dieser historischen Situation habe ich sie erlebt, als sie 1947 in die Unterprima unseres Mädchengymnasiums in Köln trat, wenige Jahre älter als wir, bei Rudolf Bultmann promoviert, eine äußerst unbestechliche, exakte, Denkanstrengung und Redlichkeit fordernde und vorlebende Lehrerin. Sie hatte eine unnachahmliche Art, meinen Unwillen gegen das Christentum zu unterlaufen, indem sie höflich fragte, ob ich denn Paulus meine oder Luther oder die Evangelien, wenn ich Jenseitsgesäusel oder hündische Demut attackierte! Eine wunderbare Lehrerin, die mir nie mein rotzfreches Geschwätz verbat, mich aber zur Klärung nötigte. Heute denke ich, sie hat meinen Zorn respektiert und meine Arroganz belächelt, sie hat unsere Intelligenz herausgefordert, weil sie Menschen einfach zutraute, daß sie der Erkenntnis und des Gewissens fähig sind. So lasen wir damals, frierend und für Schulspeisung dankbar, Heidegger und Sartre, Bonhoeffer und Paulus und später nach der Schule Herbert Marcuse und Freud. Jahre später begründeten wir den Ökumenischen Arbeitskreis in Köln, aus dem sich dann das Politische Nachtgebet entwickelte. Marie Veit war eine der ‚Säulen' dieser Gruppe, in Rat und Tat, Sachkenntnis und theologischem Wissen, Organisation und Aktion. Ich erinnere mich auch an ihre unnachahmliche Fähigkeit, älteren Gemeindemitgliedern den Unterschied zwischen christlichem Glauben und bürgerlicher Wohlanständigkeit nahezubringen.

In den letzten Jahren ist mir meine alte Schullehrerin, ohne die ich nie zur Theologie gekommen wäre, immer mehr Vorbild als eine Lehrerin der Hoffnung geworden.

*Das tägliche brot der ermutigung*

*Meine alte lehrerin erfindet den hoffnungsschrank*
*mit den guten nachrichten*
*die wir sammeln sollen*
*für die zeit des hungers*

*So lege ich die aktionäre der dresdener bank*
*unter hoffnung ab*
*weil sie immer nervöser werden*
*über ihr geld in südafrika*

*Und mein enkelkind das nach dem tod fragt*
*und sterben no me gusta erklärt*
*und den morgenstern*
*den ich vorgestern früh wiedersah*
*der mich an christus erinnert*

*Und die halbe million junger männer*
*in der sowjetunion die jetzt arbeiter werden*
*statt potentiell das morden zu lernen*

*Heute füll ich meinen schrank*
*gestern war ich ohne brot*
*mehr als das tägliche*
*wäre zuviel verlangt*

Es sind diese kleinen Geschichten der Hoffnung, die die Texte Marie Veits von denen der bloßen Analyse unterscheiden. Alle Befreiungstheologie insistiert ja auf Praxis, veränderndes Handeln, und die Autorin dieser Texte kann ich mir gar nicht vorstellen ohne dieses ständige Verwickelt-sein in Aktion und Aktiönchen, in Ermutigung und Hilfsangebot, in das Aufspüren anderer Gruppen, die ähnliche Ziele verfolgen und – das im besten Sinne des Wortes – selbstlose Verantwortung übernehmen. Wenn ich mir eine kleine schriftstellerische Kritik an diesen Texten erlauben darf, dann geht sie in genau die entgegengesetzte Richtung, die meine literarischen Ratschläge sonst annehmen: den meisten sage ich, dieser Satz, dieses Adjektiv, dieses Beispiel ist überflüssig, dein Text wird stärker, wenn du es wegläßt. Marie predige ich, mit wenig Erfolg, das Gegenteil: sag mehr, bitte etwas lauter hier, das mußt du unterstreichen, das ist doch zentral! Aber da scheitere ich an ihrer hartnäckigen Bescheidenheit, ihrer Askese, ihrer Abneigung gegen Füllsel und Getue. Mehr zu sein als zu scheinen ist nicht gerade trendy, aber Marie hat sich noch nie nach Moden gerichtet. Mit jedem neuen Satz geht sie einen Schritt weiter, ihr Stil ist linear und niemals überredend, immer aufklärend. Sie geht einfach davon aus, daß die Leserin und der Leser die Brisanz des Gesagten selber entdecken, selber merken, daß das Evangelium befreit, weil es uns tröstet und uns Mut macht.

Die Aufsätze dieses Buches sind Schritte auf eine unter uns entstehende Theologie der Befreiung für Menschen unter dem Industrialismus hin. Praxisbezogenheit, Analyse und Spiritualität verbinden sich hier in einer nüchternen biblischen Selbstverständlichkeit. „Warum wollt ihr sterben?" scheint die Autorin uns mit dem Propheten Hesekiel zu fragen, warum wollt ihr killen? Sind wir nicht zum Leben auf die Welt gekommen, zum Miteinanderteilen und Miteinanderexistieren? An einer Stelle dieses Buches nennt Marie Veit Gott die „Kehrseite der Kontingenz", die offene Stelle, durch die der Atem der Zukunft zu uns spricht. Ganz im Geist der Reformation weist sie darauf hin, daß der Gottesbegriff nicht zuläßt, „daß irgendetwas innerweltlich Antreffbares absolut gesetzt wird." Wir leben gegenwärtig in der Gefahr, daß der Triumph des westlichen Systems absolut gesetzt wird. Das Goldene Kalb wird an vielen Stellen angebetet. Gerade jetzt brauchen wir Gegenstimmen, die die andere Vision vom Leben aller unter uns wachhalten.

EINLEITUNG

## Theologie muß von unten kommen

Wer ist das Subjekt der Theologie? Wer macht sie eigentlich, die Theologie, die dann den Predigten zugrunde liegt und für alle verbindlich erscheint? Und: wer sollte sie machen?
Mit der richtigen Antwort, daß es der Geist Christi ist und sein muß, der dies tut, kommt unsere Frage noch nicht zur Ruhe. Denn sie will ja gerade wissen, welcher Handlanger er sich auf Erden bedient. Ein kirchliches Lehramt, das für alle entscheidet, haben wir (der Idee nach) seit der Reformation nicht mehr. Wer oder was ist an die Stelle getreten?

Ist Theologie die Sache gelehrter Experten? Man muß ja recht viel lernen, um Theologe zu sein: Bibelwissenschaften, Entwicklung der Glaubenslehre, Geschichte der kirchlichen Institutionen, Funktion und Auswirkung von Kirche und Theologie in der Gesellschaft. Der Informationsvorsprung des gelernten Theologen ist insoweit beachtlich. Zum großen Teil ist es historische Information, über die er verfügt. Aber Historie muß interpretiert werden, will sie für heute eine Perspektive eröffnen. Woher nimmt der Theologe seinen Interpretationsansatz? Ist ihm das selber immer bewußt?

Der Theologe gehört zum Bildungsbürgertum, mithin, wenn auch nicht auf sehr hoher Stufe, zur herrschenden sozialen Schicht. Sind seine erkenntnisleitenden Interessen die des Bürgertums? Schlägt sich das nieder in seiner Interpretation des Christlichen? Ist Theologie also Herrschaftswissen?

Meine These ist: Das Subjekt der Theologie ist die Gemeinde. Im Neuen Testament ist das ganz deutlich: sie ist der Leib Christi auf Erden, sie ist auch Salz der Erde und Licht der Welt. Sie ist es, die „alle Lehre beurteilt“, wie es der frühe Luther noch meinte. „Prüfet alles, was die Geistbegabten sagen, nur das Gute behaltet“, schreibt Paulus (1 Thess 5,21).

So hat denn auch die Expertentheologie auf Dauer nie vermocht, die alltäglichen Erfahrungen der Gemeinde, gerade auch der unterdrückten Schichten, zu ignorieren. Allerdings hat sie oft versucht, sie wegzuinterpretieren. Wo das gelingt, wo Gemeinde sich durch den „Sachverstand“ der Expertentheologie überwältigen läßt, verliert sie ihre eigene theologische Kompetenz, das Denken wird zwiespältig, ihre Lebensauffassung banal.

Ich fürchte, eben dies ist den Gemeinden in unserem Land widerfahren. Die drei ersten Arbeiten in diesem Buch befassen sich mit dieser bedrückenden Realität. Einen klaren Gegensatz dazu markiert "Die Religion der Sandinisten“: Zuspruch aus der Ökumene für die zaghaften Neuanfänge bei uns. Diesen sind dann die weiteren Arbeiten gewidmet. Was heißt heute Gott vertrauen, Gewißheit, Selbstverwirklichung,Gnade? Frieden schaffen, Links-Sein als Option für die Massen, Sich-abarbeiten an der Schuldbelastung unseres Landes: wie kommt das alles hinein in unser Denken als Christen?

Wenn ich mit einem Bericht über meinen eigenen bisherigen Weg abschließe, dann darum, weil ich nicht verhehlen will, wer ich bin: eine bürgerliche Christin. Die sich freut, zur Lerngemeinschaft derer zu gehören, die die Befreiung der Theologie von den Fesseln bürgerlichen Denkens miterleben...

## WELCHE THEOLOGIE LEBT „UNTEN"?

### Über religiös bedingte Hindernisse der Widerstandsfähigkeit von Christen

Die folgenden Thesen beziehen sich auf die theologische Prägung der ganz normalen Kirchenmitglieder protestantischer Herkunft in Deutschland. Sie beziehen sich damit auf eine Theologie, die m. E. wichtiger ist als die der Universitäten. Denn was „unten" geglaubt wird, das wird wirklich geglaubt und macht die Wirkung des Christentums in der Welt aus.

Dabei endet diese Wirkung nicht mit der aktiven, bewußten Teilnahme am kirchlichen Leben. Die „neutralisierte Religion" (Dieter Stoodt) der Massen, die mit dem lebendigen Kern des Glaubens nicht mehr viel zu tun hat, enthält einige politisch äußerst gefährliche „Dogmen", die aus der entfremdeten Tradition des deutschen Protestantismus stammen und unbeachtet, weil „in Fleisch und Blut übergegangen", weiterwirken.

Ich nenne einige solcher „Dogmen" (ideologischer Grundüberzeugungen) und lade ein, weitere zu identifizieren, in uns und um uns herum.

**Dogma 1:** *„Das Schicksal nimmt seinen Lauf, man muß sich damit abfinden." Oder auch: „Letzten Endes kommt doch alles, wie es kommen soll."*

Hier liegt ein Mißverständnis der dritten Bitte des Vaterunsers vor. „Dein Wille geschehe, wie im Himmel, so auf Erden", das bedeutet nach der Meinung von Schülern, die in zwei Diskussionen sich dazu äußerten: Bereitschaft des Betenden, sich ohne Murren in sein Schicksal zu ergeben. Gott lenkt ja die Schicksale, er lenkt auch die Geschichte; bricht ein Krieg herein oder ein privates Unheil, so hat es keinen Sinn, sich dagegen aufzulehnen, denn Gott ist stärker, und er ist auch gut. Er sorgt dafür, daß letzten Endes alles zum Guten ausgeht; die, die davongekommen sind, können ein dankbares Lied davon singen. „Wie im Himmel", das heißt wohl, „wie im Kosmos im ganzen". Gott hält ihn wunderbar im Gleichgewicht; daß einzelne dabei zugrunde gehen (vielleicht in großer Zahl), darf man nicht überschätzen, denn was ist schon der einzelne gegen das

Universum. Der Mensch erkenne also seine Kleinheit, seine Unwichtigkeit und gebe seine individuellen Glücksansprüche auf, wenn Gott sie ihm nicht erfüllt. Eine Möglichkeit verbleibt ihm ja, nämlich seine Gesinnung durch Bescheidung so umzuwandeln, daß ihn der Verzicht nicht mehr allzusehr schmerzt. Gerade darum betet er doch wohl. Und das soll die Meinung des Vaterunsers sein!

Dieses „Dogma“ hat sich so vollständig durchgesetzt, daß mir in 25 Jahren Unterricht kein Fall begegnet ist, in dem Schüler von sich aus erkannt hätten, worum es in dieser Bitte wirklich geht: das eschatologische Drängen, daß der Wille Gottes, endlich, wie schon jetzt im Himmel, auch auf Erden zum Durchbruch kommen möge, die Sehnsucht, das dem „Marana tha!“ verwandte Rufen nach der Zukunft Gottes. Trotz der Nachbarschaft zur zweiten Bitte, selbst nach ihrer unterrichtlichen Erarbeitung, sinkt die dritte in das gekennzeichnete Mißverstehen zurück.

Es ist ein Mißverständnis, das an die Stelle der Eschatologie Jesu die Schicksalsergebung der Stoa setzt. Auch bei Epiktet finden wir: Der Mensch ist Herr seiner Gesinnung, aber nicht seiner Welt; Beschwichtigung, Resignation ist Grundlinie der Frömmigkeit.

Ein etwas ausführlicherer Blick in die Bibel zeigt uns sofort, daß das Verhältnis des Menschen zu Gott dort ganz anders beschrieben wird. Die biblischen Beter werfen sich dem Schicksal, das ihnen selbst, geliebten Menschen oder ihrem Volk droht, mit Vehemenz entgegen. Urbild eines solchen Betens ist Abraham, der sich (Gen 18) Jahwe entgegenstellt, der Sodom und Gomorrha vernichten will. Es ist sehr reizvoll, in der Bibel weitere Geschichten dieser Art aufzusuchen; ich nenne noch die vom kanaanäischen Weib (Mk 7, Mt 15), die mit Jesus so lange kämpft, bis sie die Gesundheit ihrer Tochter erreicht hat. Es handelt sich hier übrigens um eine Geschichte, die Martin Luther besonders geliebt und öfter in Predigten ausgelegt hat. In der Kirche, die sich nach ihm nennt, ist an die Stelle des Kämpfens mit Jahwe, des Kämpfens mit Jesus als dem Vertreter Gottes, bis der Beter sein Ziel erreicht hat, weit eher Beschwichtigung, Resignation als Grundlinie der Frömmigkeit getreten.

Aber spricht nicht das Gebet Jesu in Gethsemane (Mt 26) eine andere Sprache? Betet Jesus nicht doch ausdrücklich: Nicht mein, sondern Dein Wille geschehe? Ich denke, daß man dieses Gebet aus dem Kontext des gesamten Lebens Jesu, wie es Matthäus darstellt, nicht herauslösen darf. Jesus hat eine *Sache*, für die er einstehen soll, und sein Gebet in Gethsemane bedeutet, daß er sich und Gott die Frage stellt, was geschehen müsse, damit er sein Werk erfüllen könne. „Mein Vater, ist's möglich, d. h. kann mein Werk erfüllt werden, ohne daß ich den Kelch trinke, so gehe er vorbei." Als der Betende versteht, daß das Werk ohne dieses Leiden nicht vollendet werden kann, geht er den Häschern aktiv entgegen. Von Resignation ist hier nichts zu spüren; ein betender Mensch sucht seinen Weg.

Dabei ist zu beachten, daß das kämpferische Beten, wie die Bibel es uns in vielen Geschichten vor Augen stellt, immer darauf gerichtet ist, Leben, Heil und Zukunft für diejenigen, für die gebetet wird, von Gott zu erringen, zu ertrotzen manchmal. Beim Propheten Amos lesen wir sogar in Kapitel 7 den erstaunlichen Satz, daß es Jahwe reute, nachdem Amos Fürbitte getan hatte, dem Volk das Unheil anzutun, das er zunächst ankündigte. Ein solcher Satz würde, stände er nicht in der Bibel, sicherlich der kirchlichen Frömmigkeit so völlig widersprechen, daß er als gotteslästerlich angesehen würde!

**Dogma 2:** *„Der Mensch ist viel zu schlecht, um in der Welt etwas zum Besseren verändern zu können. Die Welt liegt im Argen, und da bleibt sie auch liegen."*

Dieses Dogma begegnet einem auch in anderer Form, z. B.: „Man kann doch aus der Erde kein Paradies machen." Jeder von uns wird diesen Einwand kennen, der immer dann erhoben wird, wenn man auf die unglaublichen Leiden großer Menschenmassen heute hinweist und darauf aufmerksam macht, daß sie nur zum geringsten Teil naturwüchsig, zum allergrößten Teil aber gesellschaftlich verursacht sind. Daß es schon genügen würde, statt eines Paradieses wenigstens etwas weniger Hölle zu schaffen, daß es jedenfalls für sehr viele Menschen, die heute zugrunde gehen, bereits das Überleben sichern würde, wird damit vom Tisch gewischt. Dabei hat, und das ist andererseits den Gemeinden ja sehr wohl bekannt, der Glaube überall da, wo es ihn lebendig gegeben hat, sofort ein Stück der Welt verändert, und zwar in Richtung auf mehr Menschlichkeit, mehr Freiheit, mehr Gerechtigkeit. An den großen Gestalten der Kirchengeschichte wird ja gerade das bewundert. Eben daran, daß die Gemeinde hier wider ihr besseres Wissen urteilt, zeigt sich der ideologische Charakter des Dogmas 2.

Theologisch handelt es sich um ein Mißverständnis der Sünde. Sünde bedeutet ja in der Bibel an keiner Stelle, daß der Mensch unfähig sei, in der Welt etwas Vernünftiges zu gestalten. Im Ernst würde das wohl auch kein Theologe behaupten wollen, ebenso wenig wie irgendein anderer Amtsträger oder höher gestellter Christ, der doch mindestens der Meinung ist, in dem von ihm selbst bestimmten Bereich einigermaßen Vernünftiges zu tun.

Sünde ist, biblisch gesehen, Mangel an Mut. Nicht Glauben, nicht Vertrauen genug zu besitzen, um die Initiative zu ergreifen und das Notwendige zu tun, gerade das ist Sünde. Dietrich Bonhoeffer sah darin die eigentliche Sünde des Bourgeois.

**Dogma 3:** *„Das eigentliche Leben kommt erst nach dem Tod."*

Die unmenschliche Ungeheuerlichkeit, die in einem solchen Satz, in einer solchen Grundüberzeugung liegt, muß vor allen Dingen und in erster Linie *gefühlt* werden. Das setzt natürlich voraus, daß Menschen das Leben lieben, von ihm etwas erhoffen, etwas erwarten, mit ihm etwas anfangen wollen zu einem guten und sinnvollen Ziel. Man hat den Eindruck, daß da, wo das sogenannte „Jenseits" höher geschätzt wird als das Diesseits, den Menschen der Mut zum Leben und der Mut zum eigenen Lebengestalten von Anfang an aberzogen oder verwehrt worden ist. Aber wenn ein heute amtierender Minister sich darüber beklagen kann, daß „die Gemeinden draußen im Land", mit denen er sich „herumschlagen" müsse, so sehr auf das Überleben setzen, und daß dies doch eigentlich gar nicht „christlich" sei, dann kann man ja vielleichtHoffnung schöpfen, daß dieses Dogma Nr.3 allmählich zurücktritt.

Theologisch gesehen, bedeutet es natürlich, daß man Gott seine Schöpfung gewissermaßen vor die Füße wirft. Es scheint sich nicht zu lohnen, sich um sie zu bemühen, da ja das „Paradies" aus ihr nicht zu entwickeln zu sein scheint. Eine Zukunft, die den Namen verdient, wird ihr abgesprochen.

Biblisch gesehen, ist das ewige Leben ein Leben neuer Qualität. Es beginnt hier, und daß der Tod es nicht zerstören kann, hat nichts damit zu tun, daß es noch nicht gegenwärtig wäre. Paulus spricht von den Anfängen, von den Erstlingen, Johannes redet davon, daß diejenigen schon im ewigen Leben sind, die glauben. Was das bedeuten könnte, muß wieder neu gewonnen werden. Denn der bloße Verzicht auf Dogma Nr. 3 bedeutet ja noch nicht, daß das irdische Leben wieder als sinnvoll erfahren werden könnte. Als etwas, was man nicht nur durchzustehen hätte, sondern das sich in eine Zukunft hin öffnet und um ihretwillen auch jetzt schon mit Hoffnung und Freude erfüllt ist.

**Dogma 4:** *„Gott wird's schon richten."* Oder irgendein anderer munterer Satz dieser Art. Ich meine Sätze, in denen als selbstverständlich vorausgesetzt wird, daß Gott unverletzlich über der Erde schwebe und ihm nichts geschehen könne.

Manchmal will mir scheinen, als ob diese Gottesauffassung der Kern aller anderen ideologischen „Dogmen" wäre. Der biblische Gott ist verletzlich. Er ängstet sich um sein Volk, er klagt. Er wirbt wie ein verschmähter Liebhaber darum, daß dieses Volk doch seinen Weg erwählen möge, weil er zum Leben führt. Warum willst du den Tod wählen, Israel?, so lesen wir bei den Propheten.

Dieser Gott ist gefährdbar, er kann das Spiel verlieren. Er redet den Menschen an, er bittet, wirbt, klagt, er lockt, er verspricht, aber offensichtlich vermag er den Menschen nicht zu zwingen, den Weg zum Leben zu wählen. Das Verhältnis zwischen Gott und den Menschen ist personal gedacht. Der Mensch, die Menschenmassen sind nicht die Marionetten, die er an unsichtbaren Fäden tanzen läßt, so daß das Stück ein gutes Ende nimmt. Sie sind ganz im Gegenteil gewissermaßen Juniorpartner in seinem Betrieb, und sie können diesen Betrieb ruinieren und sich selber mit.

Biblisch gesehen, steht also für Gott viel auf dem Spiel. Nur so ist er der Gott der Menschen. Dietrich Bonhoeffers berühmter, aber in der Theologie noch kaum bedachter und aufgenommener Satz, daß nur der ohnmächtige Gott helfen könne, besagt nicht etwa, daß Gott kraftlos sei; sondern er besagt, daß dem Menschen nur auf diese Weise geholfen werden kann, daß er Anrede und Verheißung vernimmt und sich selbst auf den Weg begibt. Der biblische Gott insistiert auf dem Menschsein des Menschen. Insofern ist sehr die Frage, ob es richtig ist, von seiner Herrschaft zu reden. Jedenfalls ist das dann keine Herrschaft, die den Menschen entmündigt oder entpersönlicht. In ihm, im Tun und Glauben des Menschen, kommt Gott zur Vollendung seines Werkes.

Die Schwierigkeiten, die gerade Kirchenchristen mit der Menschenwürde haben, sowohl mit ihrer eigenen, die sie nicht genügend zu wahren wissen, als erst recht mit der Würde der vielen anderen, dürfte mit diesem falschen Gottesbegriff zusammenhängen. Der biblische Gott insistiert auf dem Menschsein des Menschen. Billiger gibt er es nicht. Er insistiert, er zwingt nicht. Denn hier ist eine Stelle, an der die Allmacht an eine von ihr selbst gesetzte Grenze kommt. In dem Augenblick, in dem Menschen geschaffen wurden, gab es diese Grenze; denn Menschen sind berufen, Menschen zu sein, nicht Objekte. Weder Gottes noch anderer Menschen.

**Dogma 5:** „*Christen sind friedliche Menschen. Deshalb sollte von Konflikten in der Gesellschaft nicht so viel gesprochen werden; wenn sich alle Mühe geben und ein bißchen zu verzichten verstehen, können alle in Harmonie miteinander leben.*"

Das Harmoniemodell von der Gesellschaft ist, wie wir natürlich wissen, eine Kinderei. Das heißt, wirkliche Kinder denken gar nicht so kindisch. Sie leben in Konflikten und tragen diese aus. Die oberflächliche Überzeugung erwachsener Christen aber, das Harmoniemodell von der Gesellschaft, stellt wiederum ein äußerst gefährliches Ideologoumenon dar. Es hindert die Menschen daran, klar zu erkennen, an welchem Punkt gekämpft werden muß; weil eben – der Klassenkampf läuft.

Das Wort „Konflikt" habe ich in den Klassen, in denen ich unterrichtete, immer negativ besetzt gefunden. Es schien, in der Ideologie der Schülerinnen des Gymnasiums, die ich vor mir hatte, etwas Unerlaubtes, Ungehöriges zu sein.

Daß dies im Gegensatz zu Dogma Nr. 2 steht, stört bei ideologisiertem Denken natürlich nicht.

Ob es nicht an der Zeit wäre, einen Gegenkatechismus zu schreiben? Aber vielleicht sammeln wir zunächst noch weitere Dogmen, die zur Grundüberzeugung des Bürgertums um uns herum und, ich wiederhole es, auch in uns gehören. Die „Angst vor dem Chaos", die Joachim Schumacher beschrieben hat, wäre sicher ein weiterer Punkt.

Mir kommt es nur darauf an, daß wir uns für die tatsächlich vorhandene „Religion unten", „Theologie unten" interessieren. In welcher Weise sie aufzubrechen sein könnte, wäre dann einer weiteren Überlegung wert. Das falsche Christentum ist sicherlich ein größeres Hindernis auf dem Weg zum Reich Gottes als ein gar nicht vorhandenes Christentum.

*Quelle:*
Junge Kirche 46. Jg., Heft 5/1984

# ALLTAGSERFAHRUNGEN VON JUGENDLICHEN, THEOLOGISCH INTERPRETIERT

## Ausgangspunkt und Methode dieser Untersuchung

### *Die theologische Kompetenz der Gemeinde*

„Theologie", „theologisch" – das sind in unserem Kulturkreis Begriffe, denen einerseits Abstraktheit, Schwierigkeit assoziiert wird – eine Sache für Spezialisten, fast eine Art Geheimwissenschaft, weit entfernt von den Erfahrungen des Durchschnittsmenschen; ein wenig verdächtig auch in ihren Behauptungen, weil ja nicht nachprüfbar; Begriffe, die andererseits einen Autoritätsanspruch signalisieren, dem man sich zwar zu entziehen gedenkt, natürlich, den man aber nicht groß bestreitet, lieber auf sich beruhen läßt. Eine Sache für „die da oben", oder besser: für *einige* „da oben". Immer wieder berichten Studenten, daß sie groß angeschaut, befremdet bis amüsiert gefragt werden: „Theologie studierst du?"

Diese Situation ist ein Erbteil der Zeiten, in denen die offizielle Kirche allerdings Macht über den Menschen besaß, aufs engste verbunden mit der Staatsmacht. Die Zeiten sind, bis auf Reste, vorbei. Doch auch in ihnen galt, daß die autoritative Lehre „von oben", der zu widersprechen nicht ratsam war, niemals die *ganze* Theologie darstellte. Immer wurde auch an der „Basis" gedacht, geglaubt, Theologie gelebt; und sie war keineswegs immer identisch (etwa nur in „vereinfachter" Form) mit dem, was „oben" gelehrt wurde. Die Gemeinde, die ganz gewöhnlichen Kirchenmitglieder, hatten und haben ihre eigene theologische Kompetenz, auch wenn diese nur gelegentlich zu neuen Aufbrüchen „von unten" führte. Zu solchen Aufbrüchen (Reform- und Protestbewegungen vom frühen Mönchtum bis zu Reformation und frühem Pietismus und bis zur Bewegung der Basisgemeinden heute) gehörte meist ein Funke, der von „ein wenig oberhalb" der Gemeinde kam, einem einzelnen Mönch, einer Priestergruppe, einem einzelnen Theologieprofessor, der dem, was „unten" gedacht, erfahren, erlitten, vermutet wurde, nahe genug stand[1], um es zu formulieren und im Licht des Evangeliums (nicht der herrschenden Theologie!)

neu zu bedenken – und mit einem Schlag wurde deutlich, was „unten" wirklich lebte. Es brachte und bringt dann, auch trotz oft schlimmster Unterdrückung, die ganze Kirche voran.

Aber auch abgesehen von diesen besonderen Zeiten ist die Gemeinde, d. h. die ganz gewöhnlichen Kirchenmitglieder, *immer* das eigentliche „Subjekt der Theologie". Was „unten" geglaubt wird, das wird wirklich geglaubt, und das bestimmt das Leben. Nur neue Erfahrungen, die „unten" gemacht werden, erneuern das Christentum wirklich. Jugend gehört zu denen „unten". Wir haben Anlaß, uns mit der Theologie zu beschäftigen, die ihre alltäglichen Erfahrungen sie lehren.

## *Zur Methode*

Es wird in diesem Beitrag keine empirische Untersuchung vorgelegt; vielmehr werden Erfahrungen beschrieben, die die Vf. für symptomatisch hält. Doch sei aus diesem Anlaß ein kurzes Wort über Empirie im religionspädagogischen Raum gesagt: Sie ist einerseits dringend notwendig, um sowohl die allgemein-sterile Rede von „*dem* Menschen", der „letztlich immer derselbe" sei (die sich der Theologe endlich verboten sein lassen muß) zu überwinden als auch die unausweichliche Begrenztheit von Einzelerfahrungen zu überschreiten. Andererseits: Wie kommen theologisch und religionspädagogisch sinnvolle *Fragestellungen* für empirische Untersuchungen zustande? Hier muß etwas theologisch auffällig geworden sein, für symptomatisch gehalten werden, damit Empirie überprüfend tätig werden kann. Einen anderen Weg, so scheint mir, gibt es nicht. Und so nimmt denn diese Arbeit Äußerungen Jugendlicher, beobachtete Begebenheiten oder auf solchen beruhende Literatur zum Anlaß, um von ihnen aus in das Erfahrungsfeld vorzustoßen, das bedacht werden soll. Zur Interpretation werden nicht *nur* theologische Erwägungen angestellt, sondern auch und meist vorweg human- und gesellschaftswissenschaftliche Analysen herangezogen, die aber, wie ich zu zeigen hoffe, theologische Relevanz besitzen.

### *Die Jugendlichen in der „Leistungsgesellschaft“*

Eine 15jährige Schülerin im Religionsunterricht: „Ach, wissen Sie, wenn es das wirklich gäbe, das mit der Gnade und der Vergebung der Sünden, dann müßte man doch viel öfter etwas davon merken. In Wirklichkeit muß man immer fit sein; man darf keine Fehler machen, sonst ist man gleich out. Vielleicht hat man ja mal einen Freund, der sich wirklich für einen interessiert; mit dem kann man dann auch mal über eigene Fehler reden – aber auch nur solang, wie man gegen *den* keinen Fehler macht. Die Kirche gibt einem von der Gnade nur die Idee, aber nicht die Sache selbst.“

Die Jugendliche vermißt schmerzlich, was sie sehr gern hätte und was andererseits den Kern kirchlicher Verkündigung und theologischen Nachdenkens ausmacht: Die Wirklichkeit und Wirksamkeit von Gnade. Was sie antrifft in der (relativ behüteten) Welt, in der sie lebt, ist das genaue Gegenteil: Der Mensch wird festgelegt auf das, was er „gebracht“ hat, sein gesellschaftliches Schicksal hängt davon ab, ob er Fehler macht (und „out“ ist) oder sich „fit“ zeigt. Brauchen würde man es schon, daß sich jemand „wirklich für einen interessiert“ (unterkühltes Wort für Zuwendung und Liebe); aber es gibt es nicht, oder doch nur sehr bedingt. Wo? – nun, nicht etwa in der Kirche, sondern bei einem real existierenden Freund. Dort könnte man vielleicht einmal, zeitweise, ein Stück weit, das wirklich bekommen, wonach man sich sehnt – bis man „gegen *den* einen Fehler macht“, und man *wird* Fehler machen. Man ist ein Mensch...

Beschrieben wird die Gnadenlosigkeit der „Leistungsgesellschaft“, und vermißt wird: die Inkarnation von Gnade. Eine Kirche, die nicht nur die Idee, sondern die Gnade selbst den Menschen brächte, müßte offenbar im antreffbaren Gegensatz zur „Leistungsgesellschaft“ stehen: Licht in der Finsternis, wie es das Neue Testament von den Christen sagt. Sie müßte auffallen, ein „Zeichen, dem widersprochen wird“, im vollen Sinne subversiv, der Anfang von etwas ganz Neuem...

Es gibt Jugendliche, die an das Grundgesetz der gegenwärtigen Gesellschaft so voll angepaßt sind, daß sie den subversiven Sinn von Gnade gewissermaßen wittern. Ein 15jähriger Gymnasiast zum Gleichnis von den Arbeitern im Weinberg: „Das darf aber nur vor Gott gelten, nicht in der Welt!" Daß jeder „in der Welt" bekommen müsse, „was er verdient", erschien ihm (übrigens auch dem Großteil der Klasse) als ehernes Gesetz. Zum Beispiel müsse es aufhören, daß „der Fabrikant, der viel leistet, für die Arbeitslosen mitbezahlen muß, die gar nichts leisten". Ihm schien also, im Gegensatz zu der zuerst zitierten Schülerin, in der gegenwärtigen Gesellschaft schon zuviel an „Gnade" inkarniert zu sein: Das Stückwerk an Solidargemeinschaft, das wir haben, wurde Gegenstand des Angriffs.

Was ist Gnade? Vom griechischen Wortsinn her: anmutvolle Zuwendung, die den erfreut, der sie empfängt. Sie ermöglicht ein Offenwerden des Menschen, das die Voraussetzung ist für eigenes Wirken, eigenes Lernen und Vorwärtskommen. I.Mann beschreibt[2], wie eine Münchener Rockerklasse, leistungsunfähig oder jedenfalls -unwillig nach dem Urteil des Sonderschulkollegiums, sich unter erfahrener Zuwendung verwandelt und als erstaunlich „leistungs"-fähig erweist. Jeder interessierte Lehrer kennt solche Beispiele. Diese „Zuwendung" ist kein Laissez-faire! Sie beginnt im Fall der Rocker mit dem Einstehen der Lehrerin für den Schwächsten der Klasse, der den Brutalitäten der anderen ausgesetzt ist, und ihrer Ankündigung, zugunsten dieses Schwächsten Sanktionen zu ergreifen, wenn die Brutalitäten nicht aufhören. Gerade damit nimmt sie ihn, den Schwächsten, und die anderen, die Täter, voll ernst, „interessiert sich wirklich für sie", wie jene Schülerin formulierte. Und es kommt eine Entwicklung in Gang, die ans Wunderbare grenzt.

Offenbar ist es keineswegs die Regel, daß Jugendliche auch nur im Bereich der Schule die Erfahrung solcher Zuwendung machen. Verständlicherweise, denn das vorhandene Schulsystem ist auf Leistungsdruck und Selektion begründet. Damit ist es geprägt von der doppelten Schizophrenie: Erstens wird unter Leistungsdruck weit weniger geleistet, als der Mensch leisten könnte und eigentlich leisten will, und zweitens wird von „Bildung" geredet, aber „Selektion" betrieben.

Für den Religionsunterricht, der verständlich machen will, was „Gnade", was „Rechtfertigung ohne Leistung" bedeutet und wie gerade sie mehr lebendiges Tätigsein hervorbringt als aller Leistungsdruck (Gal 5,6), entsteht so eine vertrackte Situation, wie die zuerst zitierte Schülerin sie knapp und klar zum Ausdruck bringt. Psychologisch gesprochen ist es die Situation eines „double bind"[3]: Verbal wird verdeutlicht, was Gnade sei: aber gerade wenn es sehr gut gelingt, fällt auf, daß die nonverbale Botschaft des gesamten Kontextes Schule das Gegenteil verkündet. Da die nonverbale Botschaft der realen Verhältnisse immer die stärkere ist gegenüber einer noch so gutgemeinten verbalen, muß der Jugendliche sich betrogen fühlen. Gibt es einen Ausweg?

Mir scheint, der einzige christlich mögliche ist der, eben diese Situation klar zu thematisieren. Es ergibt sich daraus, daß Kirche mehr Kirche werden muß, als sie es heute ist: gerade nicht identisch mit den Wertvorstellungen der umgebenden Gesellschaft, sondern (klarer und weniger zaghaft, als sie es heute schon gelegentlich tut) im Widerspruch zu ihr, um der Menschen willen. Aus dem Sich-betrogen-Fühlen wird so eine Zukunftsaufgabe ernster und nicht ungefährlicher Art, dringlicher als jede andere. (Natürlich muß der Schüler auch im Verhalten seines Lehrers, im deutlichen Eintreten für ihn als Menschen bei gegebener Gelegenheit, schon etwas von diesem Widerspruch bemerken... ).

## *Die Jugendlichen in der Konsumgesellschaft*

Das Dilemma des Menschen in der Konsumgesellschaft ist oft und unter verschiedenen Gesichtspunkten thematisiert worden. Einerseits verlangt das Wirtschaftssystem, daß konsumiert wird, damit der Absatz läuft, Investitionen sich lohnen, Wachstum gesichert scheint. Die ungeheure Ausbreitung und Aufdringlichkeit der Konsumwerbung entspringt dieser Situation, wechselnde Moden auf allen Gebieten heizen den Umsatz an, verlockende Angebote überstürzen sich. Andererseits: Gerade dadurch wird der Mensch unter Druck gesetzt. D. Riesman beschreibt[4] die ständige nervliche Überanstrengung dessen, der „mithalten" muß, das Nicht-zur-Ruhe-Kommen des „außengelenkten" Charakters. E. Fromm[5] diagnostiziert in der „Marktorientierung" als der vorherrschenden Charakterprägung eine sehr schwere und fast hoffnungslose seelische Erkrankung – hoffnungslos deshalb, weil sie zwar einen zentralen Ich-Verlust des Individuums bedeutet, dieses aber aus der Gesellschaft nicht ausgrenzt (wie andere, peripherere Erkrankungen) und darum lange Zeit nicht als Krankheit bemerkt zu werden braucht. H. Stubenrauch[6] schreibt mit Bezug auf die arbeitenden Jugendlichen: „Sie müssen am »Job – Arbeitsplatz« funktionieren wie eine disziplinierte Maschine, die im gemessenen Leistungsquantum »Weg-mal-Zeit-gleich-Leistung« entlohnt wird, und sie sollen in ihrer Freizeit auf Teufel-Komm-Raus konsumieren. Das Grundmuster ihrer kulturellen Erziehung zielt darauf ab, sie schizophren zu machen: Gespalten in den sich mit Gefühlen, Bedürfnissen und Wünschen selbst aufopfernden Produzenten und in den seinen entgrenzten, ungestillt wuchernden Wünschen ausgelieferten Konsumenten."

Was findet auf der Konsumseite des Lebens eigentlich statt? Die Quintessenz psychologischer Analysen ist, daß Ersatzbefriedigungen geboten und akzeptiert werden an Stelle dessen, was der Mensch, insbesondere der junge Mensch, eigentlich brauchen würde: reifen zu können, erwachsen zu werden, zu einer eigenen Beurteilung der Realität und zu selbstverantworteter Tätigkeit zu finden, fähig zu werden zur Liebe, zur Kooperation mit anderen, zu Feier, Spiel, Genuß. Schul- und Arbeitssystem aber lassen immer weniger jungen Menschen Raum zur Selbstfindung; auch in der Früherziehung der Familie läßt „emotionelle Kälte"[7] seitens der selbst unter Druck stehenden Eltern oder aber „Pädagogisierung der Kindheit"[8] viele Kinder die wichtigsten Voraussetzungen entbehren, die ihnen ein sicheres Gefühl ihres eigenen Wertes als Person vermitteln könnten. Damit fehlt der Impuls zum Reifen, zum Erwachsenwerden. Konsumgüter sollen die innere Leere überdecken, d. h. es liegt in ihnen ein Element des Betrugs.

Das gilt sowohl für diejenigen Jugendlichen, die sich unter gegenwärtigen Bedingungen noch allerhand an Konsumgütern leisten können (das Mofa oder Motorrad des Lehrlings, Lederkluft, teure Sportkleidung, Hi-Fi-Anlagen usw., durch Ratenkauf und Abzahlung ermöglicht), als auch für die wachsende Zahl derer, die es nicht mehr können. Für sie liegt es um so näher, sich die fehlenden Mittel auf irgendeine Weise zu beschaffen – oder schließlich nach *dem* Betrugsmittel schlechthin zu greifen, den Rauschgiften nämlich, die sich nicht umsonst ausbreiten.

Die „innere Leere", von der die Rede war, ist, psychoanalytisch gesehen, eine Ich-Schwäche mit Neigung zur Regression[9]. Geradezu klassisch formuliert fand ich sie in der Äußerung eines Studenten, der, konfrontiert mit den Wachstumsphasen des Ich nach E. Erikson, meinte: „Und wenn ich nun keine Lust habe, erwachsen zu werden? Ich will ein Spielkind bleiben, wie mit sechs. Der Staat läßt schon keinen verhungern." Das Phänomen scheint ursächlich verknüpft mit einer Gesellschaft, die zwar kurzfristig Gratifikationen gewährt, aber chaotisch unverläßlich ist in bezug auf die Zukunft. Die „magische Phantasie des Versorgtwerdens"[10] ist Ausdruck einer gesellschaftlich-ökonomisch bedingten Infantilisierung, eines Festhängens in der oralen Phase. Die Stelle der versorgenden Mutter nimmt in finanzieller Hinsicht „der Staat" ein, in emotionaler die peer group der ähnlich strukturierten Altersgenossen[11].

Was hat der Theologe zu bedenken? Zweierlei, wie mir scheint. Erstens: Der unersetzliche Wert jedes einzelnen vor Gott, biblisch gesehen, steht der Entwertung eben dieses einzelnen zum ichschwachen Konsumenten diametral entgegen. Zweitens: Es gehört leider nicht zur vorherrschenden Tradition im deutschen Protestantismus, das Selbstwertgefühl des einzelnen zu pflegen; im Gegenteil. Er, der Protestantismus, ist deshalb schlecht darauf vorbereitet, dem jungen Menschen heute beim Kampf um seinen Wert als Person zu helfen. Zum ersten: Auf dem Spiel steht vor allem der Glaube an Geschöpflichkeit und Auferstehung des Menschen. *Geschöpflichkeit:* Wie kann ich mich erfahren als ein Wesen, das mit seinem Leben, seinem Ich beschenkt wurde, um in seine Zukunft hineinzuwachsen, einiges vom Reichtum seiner Möglichkeiten zu realisieren, teilzuhaben an der Daseinsfreude des Geschaffenen – wenn ich ständig unter dem Druck einer Gesellschaft lebe, die den Nachweis des Habens von Konsumgütern („Statussymbole") von mir verlangt, wenn sie mich anerkennen soll? Wo Haben mehr ist als Sein[12], leidet die Glaubensfähigkeit Schaden. – *Auferstehung:* Wie kann ein Gott geglaubt werden, der den Menschen als Menschen nicht verloren gibt, der aus dem Tode neues Leben schenkt – wenn doch der Mensch sich selbst als *Menschen* kaum erfährt?

Wie kann Religionsunterricht dazu beitragen, daß „Menschen sich als Menschen" erfahren?

Wenn es stimmt, daß der Mensch in der vorherrschenden Tradition des deutschen Protestantismus nicht sehr hoch eingeschätzt wurde (weit mehr als „Sünder" gesehen denn als „Geschöpf" oder gar als „neue Kreatur") – dann muß der Lehrer zuallererst diese misanthropische Tradition für sich selbst abbauen. Wer den Menschen sowieso für „schlecht" hält, wer keine Achtung vor ihm (auch dem Schüler, auch dem Hauptschüler!) hat, der wird sich schwertun, ihm bei der Verteidigung seiner Würde als Person, ja bei deren Entdeckung allererst, zu helfen. Der Gott der Bibel setzt auf den Menschen: Weder gibt Jesus seine Gegner auf, als hoffnungslose Fälle – er erzählt vielmehr die meisten seiner Gleichnisse für sie; noch hat der Gott des Alten Testaments eine abschätzige Meinung vom Menschen: Hiob 1 wettet er, daß Hiob tauge, nur der Satan setzt ihn hämisch herab...Das aber bedeutet, daß es keinen Sinn hat, Jugendlichen das einzige, was ihnen in ihren Augen „Status" verleiht, ihre Konsumgüter nämlich, mies machen zu wollen. Nicht nur wäre das wenig aussichtsreich; es ist auch gerade das Gegenteil notwendig: Sie müssen überhaupt erst erleben, daß sie auch darüber hinaus von Wert sind. Für die Schule gilt: Ihre Beiträge, ihre Fragen, ihre Frechheiten, ja ihre Brutalitäten (s. unten) sind wichtiger als Stoffplan und Zensur. Es ist in einer Zeit, die die Seele des Menschen ununterbrochen beschädigt, korrumpiert, verwahrlosen lassen will, damit er nur bei der Konsumstange bleibe, oft gar nicht leicht, dahin zu kommen, daß Jugendliche sich als Menschen spüren, zumal die verschütteten Quellen ihres Menschseins für Erwachsene schwer erreichbar sind. Wer hätte Christiane F.[13] die Gedanken zugetraut, die sie und ihre Generationsgenossen entwikkeln, wenn sie unter sich sind? Oder den Schülern von I. Mann und H. Roth[14] ihre erstaunliche innere Kraft?

## *Jugendliche und die Erfahrung von Schuld*

Landauf, landab wird besonders aus den Hauptschulen über ständig zunehmende Brutalitäten der Schüler untereinander berichtet. Und zwar handelt es sich nicht um zielgerichtete Auseinandersetzungen, sondern um eine völlig diffuse Aggressivität: Wer zufällig vorbeikommt, wird attackiert und nicht selten schwer verletzt.

So auch an einer Hauptschule in einer rheinischen Großstadt, in der sich im Dezember 1983 das folgende ereignete: Die Schüler einer 7. Klasse waren seit langem durch eben solches brutale Verhalten aufgefallen; sie warfen mit Scheren, versuchten, sich gegenseitig die Kleidung in Brand zu stecken. Schließlich gewöhnten die Jungen sich an, ihre Mitschüler, Jungen wie Mädchen, zwischen die Beine zu treten, wobei eine 14jährige Portugiesin so verletzt wurde, daß sie zwei Wochen in der Frauenklinik liegen mußte. Weder Ermahnungen noch Strafen hatten genützt. Die Lehrerin bemühte sich nun, Mitgefühl für die Verletzte zu wecken, indem sie täglich Schüler zum Besuch ins Krankenhaus mitnahm: auch das änderte nichts am Verhalten in der Klasse. Hartgesottene Verbrecher? – Aber: Dieselben Jugendlichen liebten es, bei Kerzenlicht zu sitzen und Weihnachtslieder zu singen, kindlich glücklich, versunken, als wäre sonst nichts. Hier knüpfte ihre Lehrerin eines Tages an: Während sie Kerzen verteilte und alle sich aufs Singen freuten, sagte sie den Schülern, daß zuvor etwas anderes geschehen müsse: Beichten nämlich. Jeder bekam ein Blatt, auf das er oder sie still für sich aufschreiben sollte, wem er/sie in der letzten Zeit einen Schaden getan oder einen Schmerz zugefügt habe. Niemand würde die Zettel lesen, sie selbst, die Lehrerin, schriebe auch. Nur einer der Jungen weigerte sich zuerst, schrieb dann aber auch wie alle anderen, holte sich noch einen zweiten Zettel, weil ihm soviel einfiel. Die Zettel wurden dann, ohne daß gesprochen wurde („wir haben unsere Gedanken noch bei dem, was wir geschrieben haben") in stiller Prozession in den Nachbarraum gebracht und dort an einer Kerze verbrannt. „Ich habe euch mal erzählt, daß die Menschen früher dachten, Feuer und Rauch brächten ihre Opfergaben zu Gott; so können wir uns jetzt vorstellen, daß das, was auf den Zetteln stand, nicht mehr bei uns ist, sondern bei Gott." Die Klasse kehrte in ihren Raum zurück, die Lehrerin begann, die Kerzen anzuzünden – da sagte der schlimmste Treter nachdenklich in die Klasse: „Jetzt ist ein neuer Mensch geboren." Einige Tage nach dem Adventssingen zerriß ein Mädchen bei einer Rauferei auf dem Schulhof den neuen Anorak eines Jungen. Der Tritt blieb aus, er weinte bitterlich: Ein neues, erwachsenes Verhalten zu einem solchen Schaden kannte er noch nicht, das alte wollte er nicht mehr; es mußte ihm geraten werden.

Es sind sicherlich Sternstunden der Erziehung, wenn so etwas gelingt; und doch fallen sie nicht vom Himmel. Sie setzen längere Erfahrung von Interesse und Zuwendung voraus, die dann mit einem Mal zu ihrem Ziel kommt. Was ist geschehen? Die Jugendlichen kommen aus einer Welt, in der es kaum so etwas gibt wie Gut und Böse, vielmehr nur Stark und Schwach. Die Strafen, die Ermahnungen waren ihnen als Machtkampf zwischen den Lehrern und ihnen erschienen, ein Kampf, in dem sie hohnlachend die Stärkeren blieben. Jetzt aber, da niemand sie angriff, sondern die Lehrerin mit ihnen zugleich sich auf sich selbst besann, machten sie eine neue Erfahrung: Jeder für sich allein war wichtig genug, sein eigenes Tun zu bedenken, bei sich selbst zu verweilen, und es trat ein einfacher Ernst zutage, wie wohl niemand ihn diesen vernachlässigten Kindern zugetraut hätte. So sonderbar es klingen mag: Gerade die Besinnung auf ihre eigenen unguten Taten gab ihnen Selbstwertgefühl, das Empfinden: Es ist nicht gleichgültig, was ich mit mir mache. Schuldfähigkeit und Selbstwertgefühl gehören zusammen.

Darin liegt zugleich die Erfahrung, daß „Image“ und „Wesen“ nicht dasselbe sind. In der durch Konsumwerbung bestimmten Gesellschaft kommt es scheinbar nur darauf an, wie man nach außen hin wirkt (vorzeigbar, attraktiv, dynamisch, flexibel..., die Prädikationen der Stellen- und Heiratsanzeigen sprechen Bände!), nicht, wer man wirklich ist. Für die Entdeckung des Selbst sind Gegenerfahrungen unerläßlich.

Aufmerksam machen möchte ich auch auf das *Moment der Erwartung*, das im Verhalten der Lehrerin liegt. Sie setzt voraus, daß die Kinder schon noch Erinnerungen daran haben, wie der Mensch eigentlich sein oder sich verhalten sollte, und daß ihnen die Gelegenheit geboten werden muß, diese auftauchen zu lassen und sich daran zu messen. Wie der biblische Gott erwartet, daß der Mensch auf seine Anrede eingehe, so brauchen es die Jugendlichen, daß positive Erwartungen an sie herangetragen werden.

Demgegenüber herrscht in der Image-Gesellschaft, der Verschleierungsgesellschaft, in der wir leben, ein Grundklima des Zynismus. Es kommt nicht darauf an, wer der Mensch ist; wen interessiert das schon. Es kommt vielmehr darauf an, sich nicht erwischen zu lassen oder, wenn man doch erwischt wurde, geschickte Ausreden zu finden (bis in die hohe Politik hinein wird das heute für jedermann sichtbar). Hier wird nichts erwartet, hier wird verdrängt. Unbekannt geworden ist, daß die Tat den Täter verändert, daß er sich selbst Irreversibles antut, das nur durch Vergebung – nicht aufgehoben, sondern verwandelt werden kann.

Hier bestehen m. E. unmittelbare Zusammenhänge mit unserer nicht „bewältigten" Vergangenheit. Sie wird verdrängt, verleugnet, beschönigt, aber nicht als „vergebene" angeeignet, bearbeitet. Und doch ist sie voll gegenwärtig, wie ein Beispiel mir zeigte: Eine Studentin, die aus einem kleinen Dorf in Osthessen stammt, berichtete, wie in diesem Dörfchen die geplante Volkszählung aufgefaßt worden sei: „Die Leute haben gesagt: Wir werden jetzt ausgesucht wie damals die Juden. Die Regierung will wissen, wer noch jung und gesund ist und einen Beruf hat, der noch gebraucht wird. Die kriegen dann einen Platz im Atombunker und wir anderen eben nicht." Das Auftauchen der Rampe von Auschwitz in der Gegenwartsdeutung der Leute – die wie selbstverständliche Annahme, daß Regierende wieder („wie damals") kalt über das Schicksal der meisten hinweggehen, reine Nützlichkeitserwägungen anstellen werden –, die totale Resignation derer, die immer die Betrogenen waren: Man weiß nicht, was einen in diesen einfachen Sätzen am meisten ergreift. Sicher aber ist: Jene Rampe ist nicht verschwunden. Sollten „die unten" ein klareres Empfinden für das, was Schuld bedeutet, bewahrt haben als die, die zu sagen haben?

Der Theologe lernt: Die Erfahrung von Vergebung, eine Ahnung auch nur davon, was es bedeuten könnte, mit vergebener Schuld zu leben (vgl. 1 Kor 15,9f.), gibt es im Umfeld der Jugendlichen nicht. Es ist alles von vorn zu beginnen.

### *„No future"*

Wie gehen Jugendliche mit der Tatsache um, daß der Weiterbestand unseres Kulturkreises, ja der Menschheit durch Atomkriegsgefahr und Umweltzerstörung in Frage gestellt ist?

Es ist eine so ungeheuerliche Situation, daß wir Erwachsenen ihr kaum standzuhalten vermögen. Verdrängen, Fatalismus sind übliche Reaktionen; ohne ein Stück von beidem lebt wohl niemand von uns. Für die Jugendlichen aber kommt erschwerend hinzu, daß auch die berufliche Zukunft gefährdet ist. In einer Lebensphase, in der man sich stärker als in jeder anderen auf Zukunft hin orientieren muß, ist plötzlich, so sieht es aus, gar keine Zukunft mehr da.

„Es gibt einige Grundgewißheiten, die gegeben sein müssen, damit man das Leben schätzen kann... Eine wichtige Gewißheit dieser Art ist: Es wird eine Zukunft geben, die ich mitgestalten kann und in der Leben möglich ist", schreibt F. Steffensky[15]. Er stellt eine Gruppe von Studenten vor Augen, die die Überzeugung äußern, daß in fünf Jahren niemand von ihnen mehr am Leben sein wird.

Die Überzeugung geht durch alle Schichten. H. E. Richter schreibt von einem jungen Handwerker, der sich zehn Lebensjahre wünscht, um Natur zu erleben und einiges Vernünftige zu tun. Länger wird es nicht dauern, eher kürzer, denn „die oben fegen alles vom Tisch"[16]. Er will sich sterilisieren lassen, obwohl er Kinder liebt; es hat keinen Sinn mehr, welche zu bekommen.

In dieser nüchtern-resignierten Sicht steckt so viel Lebensbejahung, so viel Wissen, daß es schön sein könnte zu leben, so viel Entschlossenheit, wenigstens etwas davon noch mitzubekommen, daß einen der helle Zorn packt über die Kriegsverbrecher[17], die einer solchen Jugend die Zukunft verschließen. Und der Theologe wird sich plötzlich bewußt, wieviel Zorn der Männer (und Frauen) Gottes es in der Bibel gibt: über unverschämten Machtmißbrauch, über Rücksichtslosigkeit gegenüber Menschen in der schwächeren Position, über Bereicherung und Machtsteigerung auf Kosten „derer unten".

Gibt es bei uns diesen Zorn? Ja, Gott sei Dank, wenigstens etwas davon, bei Jungen wie bei Alten. Leider stehen die Kirchen nicht vornean dabei, wie es ihr prophetisches Amt wäre, sondern bleiben (bis auf Ausnahmen) noch immer in der Tradition des Beschwichtigens und des Herunterspielens der Gefahr.

Ist nicht bei uns jahrhundertelang der „Zorn Gottes" halb so wichtig erschienen (weil ja die Gnade ihn abzustumpfen schien) – sowie andererseits auch die Gnade nicht gar zu sehr geglaubt werden sollte (immerhin gibt es ja die Drohung mit Gottes Gericht!)? In der Bibel gilt beides ganz: Wo Zorn, da Zorn; wo Gnade, da Gnade. Man muß befürchten, daß wir den Glauben an Gott durch eine bloße Gottesidee ersetzt haben; „leicht beieinander wohnen die Gedanken", da läßt sich alles „ausgewogen" verteilen, auch Gnade und Zorn.

Wo ist Gott heute? Wohnt er in den Abgeklärtheiten akademischer Theologie? Oder wohnt er in dem Zorn, der Angst, der Trauer, der entschlossenen Auflehung „derer unten"?

Die Frage stellen, heißt sie beantworten. Der biblische Gott ist keine gleichmütige „Vorsehung", die ungerührt über das Schicksal der Menschen hinwegginge. Er ängstet sich um sein Volk, er klagt (Hosea, Jesaja), er ist in jedem Fall „unten" zu finden (Mt 25!). „Glauben an Gott" kann heute nur heißen, daß wir ihm beistehen, indem wir den Menschen beistehen, ihrer Zukunft, ihren Lebensmöglichkeiten.

Daß es dabei um Glauben geht, wird für den Großteil der Jugendlichen, der mit der Religion nicht mehr viel anfangen kann, nicht gleich ersichtlich sein. Was sie erfahren, wenn Ältere mit ihnen zusammen Widerstand leisten, ist gewissermaßen die Außenseite des Glaubens: Verläßlichkeit. Sie ist, wie Döpp[18] hervorhebt, die am dringendsten benötigte Erfahrung junger Menschen heute.

Nun ist es aber bei weitem nicht die ganze Generation der Jugendlichen, die nüchtern-klar die Situation ins Auge faßt und sich darauf einstellt; und von diesen wiederum ist es nur ein Teil, der zur aktiven Gegenarbeit findet. Diese sind sicherlich, psychologisch gesehen, die am wenigsten gefährdeten. Es erwacht in ihren Gruppen ein Mut, eine Kreativität, eine Arbeitsfähigkeit, die staunen läßt, auch schon bei Dreizehnjährigen. Ohne solches Aktiv-Werden kann der nüchterne Blick auf unsere Situation sehr gefährlich werden. Die Zahl der Selbstmorde sehr junger Menschen nimmt zu.

Ein bewegendes Beispiel eines Fünfzehn- und einer Sechzehnjährigen berichtete der STERN aus Hamburg[19]; die beiden stürzten sich gemeinsam vom 15. Stock eines Hochhauses, weil „Europa nächstes Jahr in die Luft fliegt". Wirklich nur deshalb?

Die Vorgeschichte zeigt, daß der Junge im „kalten Jugend-Schick der achtziger Jahre", in dem seine Mitschüler „sich mehr für die neuen Farben der Lacoste-Hemden interessierten als für den Krefelder Appell", in seiner Alltagswelt zu wenige Mitstreiter fand. Die „Clique", die ihm Heimat gab, machte ähnliche Erfahrungen. Viele hatten sich schon eingesetzt, bei Demonstrationen oder anderen Aktivitäten. „Aber alles war immer umsonst", und der Großteil nicht nur der Familien, sondern auch der Altersgenossen schaltete einfach ab.

Es ist eine allgemeine Beobachtung: Auf der einen (kleineren) Seite nimmt der Einsatz zu, auf der anderen politische Apathie mit oft geradezu bösartiger Abwehr von Informationen, ein Nichtwissen-Wollen, das wie ein Tabu wirkt – gerade auch in der Jugend. Bei den Bessergestellten führt diese Haltung zur totalen Anpassung, bei den Hauptschülern und den jungen Arbeitslosen zur Aggressivität und zur Neigung zum Rechtsradikalismus. Hinter beidem steckt die Verzweiflung an einer sinnvollen menschlichen Zukunft, hier besser, dort schlechter maskiert.

Dieser Großteil der Jugendlichen ist das getreue Abbild des Großteils der erwachsenen Menschen. Es kommt einem manchmal der biblische Begriff der „Verstockung" in den Sinn, des Nichtsehen-Wollens. Aber ich neige dazu, ihn doch für ungerechtfertigt zu halten. Sind „verstockte", verdeckt-verzweifelte und darum apathische Menschen nicht eher Opfer einer Situation, die sie nicht herbeigeführt, freilich auch nicht verhindert haben, die sie viel zu spät zu ahnen begonnen haben – und zu deren Bestehen sie einen Mut, einen Zorn und eine Hoffnung brauchen würden, die ihnen nirgendwoher zuwächst?

Was heißt in dieser Situation „Glauben an Gott"? Wie kann er gelebt, wie kann er mitgeteilt werden? Im Beten und im Tun des Gerechten, so meinte D. Bonhoeffer[20], solle die kompromittierte Kirche sich erneuern und anwesend sein in den Sorgen der Welt; ihre „früheren Worte" dagegen müßten „kraftlos werden und verstummen". Noch einmal daher: Die Erfahrung von Verläßlichkeit, als Außenseite des Glaubens, kann Raum schaffen für ein Verständnis der „Verläßlichkeit Gottes", der auf dem Menschsein des Menschen insistiert.

Nachdem das (geheime) Hauptthema unserer Zeit, „no future", angesprochen wurde, scheint es mir gut, ein Teilthema anzusprechen, das für die politische Gestaltung unserer Welt, wenn Zukunft ist, von größter Bedeutung sein dürfte. Wir leben in einem Rechtsstaat, und das heißt, daß die Macht der Mächtigen durch Gesetze eingeschränkt ist und durch Anrufung der Gerichte in diese ihre Schranken zurückverwiesen werden kann. Man sollte also meinen, daß „Recht" grundsätzllich vor „Macht" ginge in unserer Gesellschaft. (Dies wäre übrigens, so scheint mir, die Voraussetzung dafür, daß das zentral Christliche verstanden werden könnte: nämlich daß Gnade vor Recht geht.) Wir erleben denn auch gelegentliche spektakuläre Siege des Rechtes über die Macht, so etwa bei der Außerkraftsetzung der Volkszählung in der ursprünglich geplanten Form. Sind solche Siege Ausnahmen? Oder entsprechen sie der vorfindlichen Normalität? Welche Erfahrungen machen Jugendliche in dieser Hinsicht? Da Jugendliche ihrem Status nach zu den Nicht-Mächtigen gehören, sind sie für unser Thema sicher besonders kompetent. Um so bestürzender ist, was sie zu sagen haben: So war eine ganze 10. Klasse (Gymnasium) bei der Geschichte von Nabots Weinberg der Meinung, Nabot sei an seiner Ermordung selbst schuld, „weil er sich mit dem König angelegt hat. Das darf man nicht tun." Meine einigermaßen fassungslose Reaktion, daß Nabot doch nur sein gutes Recht verteidigt habe, führte zu (lebhaften bis heftigen) Äußerungen wie: „Ja, natürlich *darf* der König ihm nichts tun, aber er *kann* es doch, und darauf kommt es doch an", oder: „Es kommt darauf an, wer der Stärkere ist", oder direkt: „Macht geht immer vor Recht." Ich sammelte die Äußerungen an der Tafel, überschrieb sie mit „Heil Hitler" und wartete ab. Die Klasse verteidigte ihren „Realismus"[21] mit Leidenschaft, brachte Beispiel an Beispiel: den Vater, der im Betrieb Ärger hat und dem Chef gegenüber nachgibt, obwohl dieser im Unrecht ist, „mein Vater wird doch sonst nichts mehr"; den Mieter, der entsprechend bei Ärger mit dem Hauswirt nachgibt, „vielleicht kann der ihm sonst eines Tages kündigen" usw. usw. Der Prophet Elia, der dem König entgegentritt (und dessen Namen ich, einsam für sich, auf der zweiten Tafel notiert hatte), erweckte Befremden, konnte höchstens als Ausnahme gelten, „wer ist denn schon Prophet..." Wir hatten mit diesem Thema längere Zeit zu tun. Meine Frage, ob es denn keine Gegenbeispiele aus unseren Tagen gäbe, förderte nichts zutage. Sind wir zurückgefallen hinter das Alte Testament, hinter das antike Rom?

Wieder stand die für die Jugendlichen erfahrbare Gesellschaft im Raum, und ihre Bereitschaft, statt dieser die Idee des Rechtsstaates hochzuhalten, schien gleich Null. Ich machte daraufhin in jüngeren Klassen die Probe aufs Exempel und erhielt die nachdenkliche Frage einer Zwölfjährigen: „Glauben Sie denn, daß man in der Schule Gerechtigkeit lernt?"

Manchmal wird einem bange angesichts des Verfalls der rechtlichen und moralischen Kultur, den wir uns leisten. Vor allem: „Das Ganze" wird nicht mehr gedacht. Man erinnert sich an H. Lefebvres Ausführungen über Totalität und Partizipation: „Ohne eine... Teilhabe an der gesellschaftlichen Totalität hat eine gesellschaftliche Teilgruppe weder Status noch Gewißheit... Ihre Alltäglichkeit zerfällt in gesellschaftlich beliebige interindividuelle Beziehungen."[22] „Das Ganze" wird offenbar als eine Art Dschungel erlebt, man meidet momentane Gefahren, nimmt mit, was sich bietet, je nachdem, was man sich in den gerade vorhandenen Machtverhältnissen erlauben kann. Welche gesellschaftliche Errungenschaft es war, die Rechte des einzelnen im Ganzen zu denken, ist Jugendlichen nicht mehr von ferne bekannt.

Religionspädagogik hat auf Grund der biblischen Texte die Möglichkeit, Gesetz und Recht als Gabe, als Geschenk zugunsten des Lebens, insbesondere des Lebens der Schwächeren, erfahrbar werden zu lassen. Machtkritik ist ja ein Hauptthema besonders der Prophetie. Dazu kommt der Versuch der ersten christlichen Gemeinde und vieler christlicher Gruppen nach ihr (Franziskus, Täufer), die „Macht" der einen über die anderen überhaupt abzuschaffen, gleiches Recht für alle herzustellen durch Abschaffung privater Besitzmacht. Wie ein roter Faden zieht sich dieser immer erneuerte Versuch durch die Geschichte der Christenheit, bis zu den christlichen Basisgemeinden Lateinamerikas heute. Aber die Vorstufe ist, und in der heutigen Gesellschaft (vor allem auch in der Schule) dringend erfahrbar zu machen: Recht gilt „ohne Ansehen der Person", Recht geht immer vor Macht.

Unschätzbare Hilfe kommt dem Lehrer wie den Jugendlichen dabei durch Gegenerfahrungen im Großen, die zwar selten, aber um so wichtiger sind: Das Scheitern des Volkszählungsgesetzes in seiner ursprünglich vorgesehenen Form oder der Amnestie für Steuerhinterziehung im Zusammenhang mit Parteispenden, die Rettung des Eisenberges bei Fulda durch Volksprotest gegen militärische Planungen der USA... Daß Recht gegen die Mächtigen durchgesetzt werden kann, sei es durch Spruch eines Gerichtes, sei es unmittelbar durch Protest, das ist *die* Erfahrung, die notwendig ist. Daß sie nicht (in einer am Sinn verzweifelnden, zufallsgläubigen Umwelt) als Glücksfall, als die unerhörte Ausnahme wie ein Lottogewinn erlebt wird, sondern ihren Wert als Gegenerfahrung behält, dafür wird der (Religions-)Lehrer Sorge tragen müssen: durch Wiedererzählen, durch Kundgabe seiner eigenen Freude daran, durch die Herausarbeitung des einfachen Tatbestandes, daß es sich so gehört, daß es *immer* so sein müßte und daß dafür zu arbeiten ist.

Narrativität gehört zur Theologie, man versteht neu, warum. Was erinnert, erzählt, am Leben erhalten wird, das kann weiterwirken, Ziele setzen, Möglichkeiten aufweisen – dem Zynismus und der Resignation entgegenwirken.

### *Die Liebe im Leben der Jugendlichen*

Es ist ja nicht so, daß in der jungen Generation überhaupt keine Hoffnung auf große, lohnende Erfahrungen mehr lebendig wäre. Eine Stelle gibt es, an der noch in den jammervollsten Schicksalen Sehnsucht wartet, Hoffnung lebt – es scheint dem, der es lesend oder miterfahrend erlebt, oft wie ein Wunder. Ich meine die zentrale Jugenderfahrung der Liebe. Christiane F. in ihren ersten Nächten mit ihrem noch so jungen, gleichfalls drogenabhängigen Freund: wieviel Zartheit, Anmut, ja das altmodische Wort fällt einem ein: Innigkeit in ihrer sparsamen Erzählung![23] Aus eigenem Anschauen kenne ich die große, tragisch endende Liebe zweier anderer drogenabhängiger Halbkinder: welche Verwandlung der Gesichter, der Gesten, wenn sie sich sahen, welche Opferbereitschaft füreinander, ja welches Glück. Ein Stück Heimatsuche liegt darin, auch der

Wille und die Fähigkeit, sich gegenseitig Heimat zu bereiten, eine Oase zu schaffen in der chaotischen Welt, in die sie geraten sind. Hier ist es mit allem Zynismus vorbei, mit allem Maskentragen; hier kommt man endlich „auf Grund". Um so schlimmer, wenn an diesem oft einzigen Punkt eine Enttäuschung erlebt wird. Die Schlagermusik, aber auch der Beatle-Song „Yesterday", der um die ganze Erde ging, sprechen aus und sagen es den Jugendlichen vorweg, daß es auch hier ein Scheitern gibt. In ihren Gruppen und Cliquen wird Rat gesucht, nach Gründen gefragt, werden Erfahrungen ausgetauscht, Bewältigungsmuster weitergereicht, Ratschläge erteilt. Aber auch der Religionslehrer ist gefragt, wie ich mehrfach erlebte: 7. Hauptschulklassen geben Fragezettel ab: „Was kann man gegen Liebeskummer tun?", in einem Fall, einem noch jungen Lehrer gegenüber, um die Bemerkung erweitert: „Oder haben Sie keinen gehabt?"

Ob in dieser Frage die Vermutung steckt, daß der Lehrer, als offensichtlich beruflich erfolgreicher Zeitgenosse, eine solche Erfahrung des Scheiterns nicht gemacht haben könne? Jedenfalls steckt im Liebeskummer heutiger Jugendlicher oft *auch* das Element, sich als Versager zu fühlen, „es nicht gebracht zu haben", die tolle Frau, den tollen Typ zu halten. Leistungsdenken auch hier; doch tritt es, solange die Liebe lebendig bleibt, hinter der stärkeren Erfahrung des Glücks und der Zugehörigkeit zurück. Da das Wissen, daß Zugehörigkeit nicht dauern muß, schon da ist, hat sich in der jungen Generation etwas ganz Erstaunliches ereignet: Das Finden neuer Regeln nämlich, wie man sich verhält, solange zwei einander „gehören", wie, wenn „Schluß gemacht" wurde. Mitten in einer Umwelt, in der ältere Ordnungen und Bindungen überall zerfallen, Fassaden mühsam aufrechterhalten, überkommene „Werte" beschworen werden, ohne daß es viel nützt, hat eine Jugend, die ihre Liebeserfahrungen weitgehend ohne Hilfe der Erwachsenen verarbeiten mußte, so etwas wie eine neue Moral entwickelt, die diesen ihren wichtigsten Erfahrungen Halt gibt. So gehört es sich nicht, „dazwischenzugehen", solange zwei zusammen sind. Ich erlebte Schülerfeste, bei denen jede ihren Freund mitbrachte und nur mit ihm den ganzen Abend tanzte, nur mit ihm zusammensaß; die wenigen, die ohne Freund gekommen waren, blieben für sich und fanden weder Tänzer noch Gesprächspartner, gingen auch früh. Andererseits gehört es sich nicht, nach Beendigung einer Beziehung Eifersucht zu zeigen. Daß der frühere Partner zur Hochzeit eingeladen oder aber um irgendwelche Freundschaftsdienste für das neugebildete Paar gebeten wird, scheint keineswegs unüblich. Eifersucht wird, auch vom Eifersüchtigen selbst, als beschämend empfunden, als ein Besitzanspruch, der nicht gerechtfertigt ist, oder auch als ein Mangel an Stärke. Bedauernd sagte mir eine Siebzehnjährige, Lehrling in der Modebranche, daß ihr früherer Freund sich das Leben genommen habe: „Er hat es eben nicht gerafft, daß ich Schluß gemacht habe." Eine Studentin, längst in neuer Bindung lebend, kümmerte sich um ihren früheren Partner wie eine verständnisvolle Mutter: „Er muß da drüber kommen."

Fangen die Jugendlichen „zu früh" mit der Liebe an? Würden ihnen tiefgehende Schmerzen, zeit- und kraftraubende Umwege erspart bleiben, wenn sie sich die Zeit lassen könnten, erst selbst mehr auszureifen, in ihrer Identität sicherer zu werden, ehe sie sich voll auf die Liebe einließen? Andererseits: Geht der Liebesbeziehung etwas von ihrem Wert, ihrer Tiefe verloren, wenn von vornherein eingerechnet ist, daß sie vielleicht einmal endet? Die große Zahl junger Paare, die zusammenleben, ohne zu heiraten, zeigt, daß man sich auf diese Möglichkeit einstellt.

Deutlich bekam ich das in einem Traugespräch zu hören, als ich fragte, warum die beiden kirchlich getraut werden wollten; die Antwort des jungen Mannes war: „Ach, wissen Sie, wir möchten so gern, daß es hält. Und wir denken ja auch, daß es hält; sonst würden wir jetzt nicht heiraten. Aber es ist heute schwierig, es kann viel dazwischen kommen. Da meinen wir eben, die Kirche mit ihrer langen Tradition müßte einem dazu doch etwas sagen können."

Hat die Kirche etwas zu sagen?

In der Linie ihrer Tradition läge es, die besorgten Fragen zu stellen, die oben formuliert wurden, bzw. sie überzeugt mit „ja" zu beantworten. In eben dieser Linie läge es, Jugendliche zurückzuhalten, von Ernst, von Pflicht und von Wartenkönnen zu reden. Die Trauformeln[24] klingen mehr nach angstmachender Strenge als nach Hoffnung und Freude. „Gott hat das alles viel schöner gemeint" (M. Frisch); ja, wahrhaftig, möchte man sagen. Eins ist ganz sicher: Dieser Ton hilft jungen Menschen nicht.

Dabei sind jene besorgten Fragen sicherlich nicht ohne Sinn. Man muß jedoch die weitere Frage stellen, warum sich denn das Jugendleben gegenüber älteren Vorstellungen[25] der bürgerlichen Gesellschaft (zu der die Kirche gehörte) so verändert hat. Ich nenne drei Gründe: die Permissivität der Konsumgesellschaft, die Erfindung der „Pille" und die weite Verbreitung sexualpsychologischen Wissens.

Zum ersten: Wo die Konsummentalität gesellschaftlich notwendig erscheint (damit die DM rollt) und durch eine psychologisch sehr geschickt ansetzende Werbung ständig neu erzeugt wird, da kann „Sex" nicht ausgeklammert werden. Die Permissivität gegenüber frühen Sexualbeziehungen[26] hat ihren Grund darin, daß der ein guter Konsument ist, der kein Bedürfnis aufschiebt. Ob das für diesen Konsumenten selbst, für seine Selbstfindung gut ist oder nicht, das interessiert nicht. Der Gruppendruck tut dann ein übriges: Eine junge Frau erzählte mir, daß sie als Fünzehnjährige vier Wochen lang Abend für Abend mit ihrem Freund im Bett gelegen habe, ohne daß „etwas passiert" sei. Sie habe eigentlich noch gar keine Lust gehabt, aber: „Man muß ja wenigstens so tun. Die anderen fragten schon, ob ich denn ewig Jungfrau bleibe wollte." Konsum als Pflicht heißt Sex als Pflicht. Die Permissivität ist nicht weniger gnadenlos als die Rigorosität der Zeit der Effi Briest...

Die Erfindung der Pille andererseits hat Weltgeschichte gemacht. Die Hälfte der Menschheit, die zuvor aus Angst an der Realisierung ihrer Sexualität gehindert war, ist endlich frei, ebenso über sich selbst zu bestimmen wie die andere Hälfte seit je. Für beide Geschlechter heißt das: Die Jugendjahre können sexuell gelebt werden, auch wenn man noch lange nicht in der Lage ist, für ein Kind zu sorgen. Der Schritt von der ersten Liebe zur ersten sexuellen Begegnung kann leichter, angstfreier getan werden. Erfahrungen, auch mit sich selbst, können schon vor dem Erwachsenwerden gesammelt werden, die den Generationen zuvor im ganzen Leben nicht möglich waren. Gerade das führt aber auch dazu, daß die Jugendlichen für ihre Weise zu leben keine Vorbilder in der erwachsenen Generation finden, kein wirkliches Verstehen und keine Anleitung. Sie müssen sehen, wie sie zurechtkommen...

Eine vielfach in Anspruch genommene Hilfe ist ihnen dabei psychologische Lektüre, von Illustriertenartikeln und -ratschlägen bis zu Wilhelm Reich und Erich Fromm. Soviel Verflachtes oder Halbverstandenes dabei auch übernommen werden mag: Sicher ist, daß sich Elemente sexualpsychologischen Wissens enorm verbreitet haben. Das kann zum Abbau neurotischer Ängste beitragen (noch mehr tut dies sicher die Übereinstimmung mit der peer group, der Gruppe der Altersgenossen; was „alle heute" tun, kann doch nicht schlimm sein!). Es kann freilich auch dazu führen, alles für machbar, bewältigbar zu halten, was im Liebesgeschick auf den jungen Menschen zukommt, wenn er nur genug „weiß". Ein Irrtum, der tödlich sein kann (weil das Überich, durch ältere Normen geprägt, doch zu stark ist, oder weil die große Liebe auch großen, zentralen Schmerz bedeuten kann, dem man vielleicht nicht gewachsen ist) oder aber der oberflächlich machen, an den möglichen tiefen Erfahrungen vorbeigleiten lassen kann. Woher aber sollen junge Menschen das wissen, wenn sie mit ihrem geschichtlich neuen Erleben weitgehend allein gelassen sind – allein mit ihresgleichen, die zwar oft veständnisvoll, aber ebenso ratlos sind?

Gab es für frühere Generationen mehr Rückhalt? Wäre etwas davon wiederzugewinnen?

Döpp schreibt:[27] „In der Familie des gesicherten Bürgertums konnte das Individuum Kräfte sammeln, um draußen allein zu stehen. Unter heutigen gesellschaftlichen Bedingungen ist die Familie immer weniger ein kultivierender Schutzraum, wo Individualität und Produktivität sich ausbilden können. Für das Proletariat ist sie es nie gewesen. In den unteren Klassen wurde das Kind zu früh auf sich angewiesen; es blieb zeitlebens geschwächt."

Familie als Zuflucht scheidet für die meisten aus; unsere Jugendlichen sind „heimatvertrieben". Aber was ist mit der Kirche? Noch einmal: Hat sie, hätte sie etwas zu geben?

Ich denke schon, und Anfänge sind da. Wo Kirche Raum gibt, im ganz wörtlichen Sinn: Räume zur Verfügung stellt, in denen Jugendliche sich treffen und junge Erwachsene antreffen können (Jugendleiter, Sozialarbeiter, *vielleicht* auch Theologen), mit denen sie sprechen, von denen sie Sinnvolles hören, mit denen zusammen sie Probleme bearbeiten können – da ist schon viel geschehen. Allerdings ist die Voraussetzung, daß diese kirchlichen Mitarbeiter auch wirklich frei sind, ihrer fachlichen und persönlichen Kompetenz entsprechend zu reden und zu handeln, und nicht daran gebunden, doch wieder rigide ältere Normen samt der dazugehörigen Heuchelei zu vertreten. Wenn es, wie im Jahre 1983 geschehen, zur Kündigung eines Jugendleiters kommt,weil er nicht verbirgt, daß seine Ehe gescheitert ist und er eine Freundin hat, dann ist jeder Vertrauensansatz verloren. Der theologische Topos, der beim Thema „Die Jugendlichen und die Liebe" zu bedenken ist, scheint mir schlicht zu sein: Buße und Bekehrung - der Kirche, der älteren Christen! Statt die Menschen mit Normen beherrschen zu wollen, muß Kirche etwas ganz anderes tun: lernbereit werden, das Neue aufnehmen, Leben unterstützen, statt Macht über Gewissen auszuüben. Aufzugeben ist die Angst vor dem Chaos[28], das angeblich ausbräche, wollte man auf die alten Moralregeln verzichten. Es bricht ja nicht aus, die Jugend selbst ist schon vorangegangen mit dem Versuch, neue, ehrlichere Regeln zu finden. „Gott hat das alles viel schöner gemeint..."

Ist diese grundsätzliche Umkehr einmal erfolgt, dann zeigt sich, daß im Schatz der zweitausendjährigen christlichen Denk- und Erfahrungsgeschichte so manches liegt, was Jugendlichen heute helfen kann. Ich nenne eines, ein Thema, das im Religionsunterricht der Klassen 7-10 immer wieder das größte Interesse gefunden hat: Unterscheidung und Zusammenhang von Eros und Agape. Die Liebe, die „Gefühl" ist, Sehnsucht, „Kind der Armut" (Platon), Jubel – die der Identitätssuche des Menschen ab der Pubertät entspricht, die tanzen will, wenn sie gefunden hat, die trauert bis zum Tod, wenn sie das Ende der Beziehung sieht. Die andere Liebe, die eine „Haltung des Willens" ist (Bultmann), die das Gute für den anderen will, Zukunft bauen, der Wahrheit entsprechen, die „nicht aufhört" (1 Kor 13), auch wenn sie eine Beziehung beendet oder ändert - wie hängen sie zusammen? Jede von ihnen kann die andere nach sich ziehen, und eine geglückte und beglückende Partnerschaft ist die, in der beide (auf eine Weile oder auf Dauer) zusammentreffen: Agape der Baum, der zuverlässig bleibt, Eros die Blüten am Baum, die nicht immer blühen, aber immer wiederkommen.

Sicher hat eine Beziehung zwischen jungen Erwachsenen, die ihr Profil gefunden, die umfassende Identitätskrise der Pubertätsjahre vorerst abgeschlossen haben, eher die Chance zu dauern als eine zwischen Jugendlichen, die sich noch rasch verändern, auch verändern *müssen* . Die Frage ist aber, wie die Generation der Erwachsenen die versuchsweisen Beziehungen heutiger Jugendlicher ansehen soll. Blickt sie, geleitet von dem Prinzip der lebenslangen Einehe, ablehnend/mißgönnend darauf[29], so fällt sie als Partner und Lebenshelfer der Jugendlichen schlicht aus.

Daß es anders geht, zeigt ein sehr schönes Beispiel: Eltern, die abends ausgingen, erinnerten ihre 17jährige Tochter daran, daß ihr Freund um 22 Uhr die Wohnung zu verlassen habe. Bei ihrer späten Heimkehr mußten sie feststellen, daß sein Auto noch vor dem Hause stand. Die elterliche Beratschlagung, was zu tun sei, führte zu dem Ergebnis, daß am Morgen leise an der Tür der Tochter geklopft wurde; als sie öffnete, stand draußen niemand, nur ein Tragetablett mit einem Frühstück für zwei Personen. Zu solchen Eltern kann ein junger Mensch mit jedem Kummer kommen.

Aufgabe von Herrschaft (des Mannes über die Frau, der Eltern über die Kinder, der Kirche über die Gewissen) ist vielleicht auf *allen* Gebieten die zentrale Lernaufgabe heute. Nicht Herren über die Gewissen, sondern Mithelfer zur Freude[30], die hören und lernen, nicht *nur* warnen und hemmen, brauchen die Jugendlichen. Entspricht das nicht zentral der Offenbarung des biblischen Gottes, der Menschen *gewinnen*, nicht beherrschen will und gerade so ihr lebenspendender Schöpfer und Neu-Schöpfer ist?

## *Schule und Lernen*

Wer lange Zeit als Lehrer tätig war, hat der Erfahrung kaum entgehen können, daß sich das Verhältnis der Jugendlichen zur Schule stark verändert hat. Einige Schlaglichter: Waren in den 50er Jahren Jugend„streiche“, die den Lehrer necken oder hereinlegen sollten, noch durchaus üblicher Bestandteil des Schullebens, Abiturkommerse eine willkommene Gelegenheit, die „Pauker“ hochzunehmen, so haben solche Unternehmen heute eher Seltenheitswert. Bildeten die Schüler, die Streiche ausheckten, damals eine verschworene Gemeinschaft, aus der man so leicht keinen „Kronzeugen“ herausbrechen konnte, so ist es heute mit der Solidarität der Schüler untereinander nicht mehr weit her. Was speziell den Religionsunterricht betrifft: Versuchten Schüler der Pubertätsjahre früher an allen Säulen zu rütteln, unerbittlich „Zweifels“fragen zu stellen, insistierend ihre eigene Meinung dem Lehrer entgegenzustellen (was den Unterricht in diesen Jahrgängen so besonders reizvoll und interessant machen konnte), so begegnet der Lehrer heute weithin einer Gleichgültigkeit, ja einer Apathie, die ihn selbst zu lähmen droht. Junge Damen einer Klasse 12 bemerkten: „Die Lehrer meinen immer, die Schule wäre so wichtig; Gott ja, man will am Ende das Papier haben, da arrangiert man sich eben. Es ist so ähnlich wie mit den Eltern, sie sind ja ganz nett vielleicht, und man braucht sie auch noch, vor allem wegen dem Geld; da arrangiert man sich eben auch. Aber *leben*, leben tut man doch woanders!" Sich arrangieren also – mit dem Lehrer, der ganz etwas anderes will: über Glauben und Wahrheit reden, sich auseinandersetzen mit jungen Menschen, die ihre eigenen Gedanken haben; einführen in die Schatzkammer biblisch-theologischen Denkens, anbieten, austeilen, nach Konsequenzen für das heutige Leben fragen. Schon vor zwanzig Jahren meinte eine Fünfzehnjährige (auf die Frage einer Mitschülerin hin, ob es wirklich einen Gott gebe), daß man darüber doch nun wirklich nicht zu reden brauche, denn „im Westen glauben wir doch nun mal an Gott!" Konvention statt Wahrheitssuche, die sich nicht zu lohnen scheint...

Was auffällt, ist daß die Jugendlichen von der Schule für sich selbst, als Menschen, nicht viel erwarten. Eine interessante Begründung dafür gibt Ziehe[31]: Die Schule hat infolge des Kulturbruches, den wir erleben, ihre „Aura" verloren, die sie früher einmal umgab, sie ist „entleert", „entauratisiert". Gemeint ist, daß die Schule früher durch drei gesellschaftliche Selbstverständlichkeiten gestützt wurde, die heute nicht mehr bestehen, nämlich durch die „Gratiskraft" der tradierten Kultur, deren Wert außer Frage stand, ferner durch ein Generationsverhältnis, das dem Lehrer schon als Vertreter der Erwachsenenwelt eine „Türhüterrolle" zuwies, und schließlich durch die Identitätsnähe von Arbeits- und Selbstdisziplin beim Menschen *vor* der Zeit der Überproduktions-/Konsumgesellschaft. Den Streß der heutigen Schule, für Schüler *und* Lehrer, führt Ziehe auf eben diesen emotionalen Verlust zurück. Überdruß, Langeweile, lähmende Apathie breiten sich aus, wo man seine Zeit absitzen, auch noch „Leistungen" bringen muß – und doch nichts zu erwarten hat außer eben den Noten, die man zum Weiterkommen braucht.

Es gibt Gegenbeispiele. Eine Hauptschulklasse in sozial benachteiligtem Gebiet einer hessischen Großstadt steht mir vor Augen, deren Schüler Leere und Langeweile wie üblich teils mit Schwänzen, teils mit Brutalitäten beantworteten – bis es einem Lehrer gelang, sie vom Fach Polytechnik her zu interessieren. Es lief über Kochen und Backen; was hergestellt wurde, schmeckte (ein gutes Argument!); aber der Sprung zu Einsatz und Interesse gelang erst richtig, als die Schüler angeregt wurden, Schulfrühstück für die anderen Klassen herzustellen und zu verkaufen. In die Klassen gehen, zu zweit, um Bestellungen aufzunehmen – welcher Schritt! Die größten Krakeeler hatten dazu zuerst nicht den Mut. Je nach Bestellung Mengen berechnen (sie lernten dabei sogar den Dreisatz), verantwortlich einkaufen – welche neue Erfahrung! Türkische, italienische, jugoslawische Rezepte ausprobieren – welche neue Stellung der Ausländer in der Klasse! Zu Hause wurde geübt, solche „Schularbeiten" gefielen auch den Eltern (vor allem natürlich der Mädchen). Es kam so weit, daß die Klasse bei Schulfesten kochte, erst für die eigene, dann auch für andere Schulen. Ein Rezeptbuch entstand, selbstgeschrieben (welche Mühe mit leserlicher Schönschrift und Orthographie!), photokopiert, für jeden selbst und zum Verschenken und Verkaufen. Zum Schulabschluß war so viel Geld beisammen, daß eine Auslandsreise gemacht werden konnte.

Mit Absicht habe ich ein Beispiel aus der ganz normalen Schule gewählt, nicht aus der pädagogischen Alternativszene. So wichtig deren Versuche sind, sie betreffen vorerst nur wenige Schüler; die alltägliche Schulsituation *aller* zu bedenken ist wichtiger und muß auch den Hintergrund jener Versuche bilden, wenn sie nicht elitär und damit für das Ganze steril bleiben sollen. Was zeigt das Beispiel?

Es handelt sich um ein umfassendes, mehrere Schuljahre übergreifendes Projekt. Durchbrochen ist die „Taylorisierung" des üblichen Unterrichts, die sinnzerstörende Scheibchenlernerei. Sie degradiert den lernenden Menschen zu einer Art Maschine, die, mit Stoffen und Lernzielen gefüttert (Input), eben diese in Tests wieder von sich geben soll (Output). Das Projekt setzt an die Stelle ein sinnvolles Ganzes, zu dem alle beitragen; die Arbeit muß so eingeteilt werden, daß das Ganze gelingt, jeder einzelne Beitrag ist wichtig, Verantwortung wird übernommen, Kooperation erfahren, wachsendes Können erlebt. So wird *menschlich* gelernt, Kulturtechniken wie Rechnen, Schreiben, freie Rede ebenso erworben wie Kochen, Einkaufen, Geltenlassen fremder Bräuche. Arbeitshaltung entsteht (das Üben zu Hause), gesellschaftliche Geltung derer, die etwas können, wird erlebt; Selbstwertgefühl und Zusammengehörigkeitsgefühl bilden sich heraus.

Wo Projektunterricht versucht wird, auch in kleinerem Rahmen und über kürzere Zeiträume, kann vielfach die Erfahrung gemacht werden, daß Apathie verschwindet, Interesse, Kreativität und Arbeitslust sich zeigt. Dem Theologen kommt in den Sinn, daß jene Apathie vielleicht nichts anderes ist als die Abwehr einer Arbeits- und Lernordnung, die der Bestimmung des Menschen widerspricht. Er *will* nicht Maschine sein, die abarbeitet, was vorgegeben ist, er will Zusammenhänge sehen und erleben, „Herr" sein einer kleinen, in sich sinnvollen Welt, d. h. mit-wirken, mit-bestimmen. Wenn er sich taub stellt gegen ein entmenschtes System: Hat er nicht recht?

„Sünde in den Strukturen", Sünde überindividuell, im System liegend: An vielen Stellen tritt sie heute zutage, so auch hier. Taylorisierung der Arbeit wie des Lernens ist Leugnung des Menschen. Widerstand muß geleistet, Auswege müssen gesucht werden, solange das Lernsystem nicht im ganzen umgestaltet werden kann.

Und die Lehrer?

Ziehe stellt heraus und aus zahlreichen Erfahrungen wie auch Krankheitsstatistiken ist bekannt, daß sie ständig überanstrengt sind. (Übrigens galt das von dem obengenannten Hauptschullehrer zeitweise auch; er machte Gebrauch von der Möglichkeit, auf eine Zweidrittelstelle zu gehen, um durchhalten zu können.) Ziehe fügt hinzu, daß die Lehrer den Schülern oft geradezu leid tun; auch *ihre* Arbeit ist durch das technokratische Unterrichtssystem um ihren Sinn, ihre Ganzheit gebracht. In den Klagepsalmen heutiger Lehrer, die bei einer Tagung entstanden[32], schlug sich das in einfacher, überdeutlicher Weise nieder.

Leugnung des Menschen, Verhinderung seines Menschseins an einer der wichtigsten Stellen des Lebens, im Lernen und Lehren: Das ist zugleich Leugnung Gottes. Ein Religionsunterricht, der sich dem herrschenden Lernsystem einfach anpaßt, hat seinen Gegenstand bereits verloren, genauer: Er widerspricht ihm in sich selbst.[33]

*Ideologieanfälligkeit und mangelnde Frustrationstoleranz*

Kulturabbruch, Lernunlust, innere Leere - woran kann der junge Mensch sich halten? Das Leben im „Dschungel", von dem oben (s. S. 35) die Rede war, die Zufälligkeiten des „Glück-" und „Pech-Habens" können ja nicht genügen. Hunger nach Sinndeutung war sicher ein Hauptgrund des Erfolges autoritärer Jugendsekten (vor allem bei Mittelschichtjugendlichen) und rechtsradikaler Ideologien (vor allem bei Hauptschülern). Dennoch ist es immer wieder erstaunlich, wie kritiklos Jugendliche bereit sind, Gurus und „Führern" zu folgen. Was liegt dahinter?

Zwei Beispiele aus dem Gymnasialunterricht:

Eine Vierzehnjährige meinte, es sei doch ganz gut, daß die Katholiken den Papst hätten; denn „die haben wenigstens etwas, woran sie sich halten können, wenn es vielleicht keinen Gott gibt und man die Bibel schwer verstehen kann." Schwerwiegender noch die Erfahrung in einer Abiturklasse, die seit drei Jahren im Fach Erziehungswissenschaft an wissenschaftlichen Texten zu arbeiten gewöhnt war, Psychologisches, Soziologisches, Philosophisches mit Einsatz und Interesse erarbeitet hatte. Im letzten halben Jahr kam Riesmans „Einsame Masse" an die Reihe, wo es im letzten Kapitel heißt[34]: „Genauso kann das, was meine Mitarbeiter und ich vorzubringen haben, sehr weit am Ziel vorbeigehen. Unser eigener Charakter, unsere geographische Lage und unsere eigenen Illustrationen verengen unvermeidlich unsere Sicht." Und weiter: „Habe ich auch in diesem Buch vieles gesagt, dessen ich nicht ganz sicher bin..." Die Reaktion der Klasse, die sich zuvor mit dem gewohnten Eifer um das Buch bemüht hatte, war geradezu frappierend. „Was will denn der Kerl?" hieß es, schrill vor Zorn. „Wenn er selbst nicht genau weiß, ob seine Sachen stimmen, dann soll er keine Bücher schreiben!" Und: „Ist das etwa bei *allen* Wissenschaftlern so? Wozu befassen wir uns dann damit?" Empfohlen wurde, „den ganzen Kram zum Fenster hinauszuwerfen."

Es muß hinzugefügt werden, daß der „methodische Zweifel" (der nicht endet!) wissenschaftlichen Denkens, der Aspektcharakter jeder Wissenschaft, Hypothesenbildung als Versuch, Befunde zu ordnen, ausführlich und immer einmal wieder Gegenstand unterrichtlicher Besinnung gewesen war – und verstanden schien. Plötzlich aber wurde *emotional* erfaßt, daß es eine absolut gültige und unanfechtbare „Lehre" innerhalb der Wissenschaften nicht geben kann, und der Aufstand war da. Die Lehrerin hatte Mühe, deutlich zu machen, daß die Befunde/Beobachtungen ja blieben, daß der Forscher seine Hypothesen darüber, wie sie zu deuten seien, durch Publikation seines Buches in die wissenschaftliche Diskussion einführe, und daß es einen anderen Weg, wissenschaftlich voranzukommen, nicht gebe – lauter Überlegungen, die längst vertraut waren und doch im Moment der Unsicherheitserfahrung nicht trugen.

Ähnliches zeigt sich heute bei Theologiestudenten, wenn vertraute historisch-exegetische Annahmen aufgegeben und, mit Gründen, durch andere ersetzt werden (Johannesevangelium, Zeitansatz des Jahwisten). Der grundsätzlich hypothetische Charakter von Wissenschaft wird schwer ertragen; Frustrationstoleranz ist Mangelware.

Was fehlt hier? Sollte nicht, gerade im Ausstrahlungsbereich evangelischen Denkens, längst klar sein, daß nichts Immanentes absolut gesetzt werden kann – also auch nicht die Ergebnisse von Wissenschaft? Daß diese um so „wissenschaftlicher" ist, je deutlicher sie ihre eigene Relativität aufzeigt – wie Riesman in jenen Sätzen am Schluß seines Buches? Wo die Fähigkeit nicht besteht, Fragen offenzulassen, nachdem sie soweit wie möglich geklärt wurden – mit offenen Fragen zu leben, ohne das weitere Nachdenken aufzugeben –, da wird schnell nach der Ersatz-Sicherheit irgendeiner sich absolut setzenden Lehre oder Person gegriffen werden. Und damit ist, auf allen Bildungsebenen, Ideologieanfälligkeit gegeben. Dieses „Offen-lassen-Können" aber setzt voraus, daß der Mensch selbst einen festen inneren Kern entwickeln konnte[35], sich als ein Wesen mittlerer Größe[36], das nicht alles weiß, kann oder überschaut, bejahen kann. Luthers Unterscheidung von securitas und certitudo könnte hier vielleicht hilfreich sein: securitas, die meint, sich auf Vorfindliches, z. B. auf die eigenen Werke oder auf den „Buchstaben“ irgendeiner Lehre, verlassen zu können; certitudo, die aus Vertrauen kommt und deshalb Risiken, Unabgeschlossenheiten, eben Offen-Bleibendes ertragen kann. Im Bild gesprochen: Der Fels einer zeitlos richtigen Lehre, auf dem man sich ausruhen zu können glaubt, ist trügerich, geschichtliche Erdbeben können ihn heben; aber: fliegen lernen (und erfahren, daß die Luft trägt), schwimmen lernen (und erfahren, daß das Wasser trägt), darauf käme es wohl an. Psychologisch: Identität ist zwar nie abgeschlossen; aber dennoch muß, gerade in den Jugendjahren, Identität gefunden und bestätigt werden, der junge Mensch seiner selbst so gewiß werden, daß er sich zu schade ist, sich von irgend jemandem die weitere Wahrheitssuche abnehmen zu lassen. Glaubensfähigkeit ist das Gegenteil von Ideologiebereitschaft. Bei unserer geschichtlichen Herkunft aus einer ideologisch herrschenden Kirche ist das nicht immer leicht zu verstehen. Aber Kirche ist veränderbar, und sie ist, in Teilen, auf dem Weg, den Menschen, die ihr nicht gehören, denen sie zu dienen hat, bei ihrer Selbstfindung zu helfen.

### *Die jugendliche Frau*

Gibt es innerhalb der Erfahrungen, denen Jugendliche heute ausgesetzt sind, solche, die besonders für die Mädchen gelten? Gibt es prinzipielle oder nur graduelle Unterschiede im Erleben des jugendlichen Mannes und der jugendlichen Frau?

Graduelle gibt es auf jeden Fall. Die Schwierigkeit, einen Ausbildungsplatz zu finden, ist für Mädchen, wie bekannt, wesentlich größer als für Jungen. Zum Lehrerstudium schreiben sich, seit die Einstellungschancen sinken, mancherorts fast nur noch Frauen[37] ein: Sie wollen irgendeinen Abschluß haben, für alle Fälle, das Lehrerstudium ist relativ kurz, so wird es „mitgenommen“; Chancen rechnen sie sich nirgendwo aus. Bei vielen zeichnet sich eine Rückwendung zu traditionellen Rollenmustern ab (sofern sie überhaupt schon aufgegeben waren; die deutlich hörbaren Stimmen der Feministinnen täuschen über ihre Zahl!): Sich gut zu verheiraten, um versorgt zu sein, wird ihnen auch von den Eltern nahegelegt.

Von der technologisch bedingten Arbeitslosigkeit sind auch gerade Frauenberufe betroffen. Eine Hauptschulklasse, die im Rahmen eines Projektes Berufsmöglichkeiten bei der Post erforschte, bekam zu hören, daß die Mädchen ein „richtiges Handwerk" lernen sollten, sich ja nicht auf Aushilfsarbeitsplätze, wie die Post sie immer anbot (und fast nur mit Frauen besetzte), einstellen sollten; „die fallen alle weg", hieß es, „die Muttis brauchen wir nicht mehr." Aber woher einen Lehrplatz im „richtigen Handwerk" nehmen?

„Dienstboten wieder gefragt", lautete die Überschrift eines Zeitungsartikels. Es ging um Haushaltsstellen für Frauen. Daß es den Begriff „Dienstbote" schon seit den zwanziger Jahren offiziell nicht mehr gibt, störte nicht; besprochen (und begrüßt) wurde nur die Tatsache, daß Geldmangel wieder Frauen bereit macht, solche Stellen anzunehmen.

Das heißt aber: Die No-future-Situation stellt sich für die jugendliche Frau noch einmal anders dar als für ihre männlichen Altersgenossen. Einerseits ist sie verschärft davon betroffen; einen qualifizierten Beruf, gar den Beruf ihrer Wahl, kann sie noch schwerer erreichen als er. Andererseits gibt es für sie möglicherweise Nischen, die der junge Mann nicht so ohne weiteres findet: In abhängiger Haushaltsstellung hat man wenigstens sein Brot (vielleicht, bei viel Glück, sogar seine Sozialversicherung). Um den Preis der Aufgabe eigener Lebensziele kann man, als Mädchen, seinen Lebensunterhalt eher sichern.

Hier setzt sich eine Tradition, die ohnehin noch sehr stark wirkte, aus der Notsituation der Arbeitslosigkeit heraus fort. Die Geschlechter werden nicht als gleichwertig erlebt. Theologisch war dies gestützt durch die Auffassung von der schöpfungsmäßigen Unterordnung der Frau[38], durch Festschreibung biblischer Aussagen wie Gen 3,16 ohne Rücksicht auf die ökonomisch-politische Entwicklungsstufe Israels, der sie angehören – der aber ganz andere, gerade auch in bezug auf die Stellung der Frau[39], voraufgegangen waren. Ontologisch-ungeschichtliches Denken wurde für die Selbstauffassung der Frau zum Hemmnis, zum „Gesetz".

Nun ist religiös-theologische Tradition für die große Mehrzahl der Jugendlichen nicht mehr unmittelbar wirksame Autorität. Jedoch wirken in der „neutralisierten Religion"[40] gerade Elemente der Selbstauffassung des Menschen verhängnisvoll weiter, ohne daß ihr Ursprung noch bekannt ist.

Allerdings stehen solchen Traditionsresten gerade bei diesem Thema, der Stellung der Frau, mächtige Gegenkräfte aus der neueren gesellschaftlichen Entwicklung auch entgegen, und ein Teil der weiblichen Jugend ist davon bereits stärker bestimmt als von Notsituationen und alten Rollenmustern. Ich meine die sexuelle Befreiung der Frau durch die „Pille", Selbstbestimmung auf diesem zentralen Gebiet muß die Selbstauffassung im ganzen ändern. Und so sehen wir denn einen Teil der jugendlichen Frauen selbstbewußt, nüchtern und sehr selbständig nach eigenständigen Möglichkeiten in der insgesamt verfahrenen Jugend- und Gesellschaftssituation suchen. In der Alternativbewegung z. B. sind gerade junge Frauen eher überrepräsentiert, oft bestimmend, zumindest aber gleichberechtigt, in der Friedens- und Ökologiearbeit ebenso wie in den alternativen Erziehungsversuchen. Von Kooperativen, in denen junge Arbeitslose sich zusammenschließen, um selbstverwaltete Betriebe aufzubauen, gilt ähnliches. Der Mut, als jugendliche Frau selbst zu sagen, wie man leben, was man lernen, arbeiten, wie man lieben will, selbst zu entdecken, wer man ist, dieser Mut ist da und breitet sich aus.

Das Gegenbild stimmt freilich auch: Nicht immer aus Überzeugung, eher aus Flucht in ältere, scheinbar Sicherheit gebende Verhaltensformen geben sich Studentinnen wieder „mädchenhaft", zeigen sich „angenehm", nachgiebig, anpassungsbereit. Von weiblichen Lehrlingen und Arbeitskräften wird ähnliches berichtet. „Angst macht brav", sagte mir die Inhaberin eines Friseursalons, befriedigt.

So stellt sich denn das Bild der jugendlichen Frau uneinheitlich dar, noch mehr als das der Jugend insgesamt. Fragen wir nach dem, was Kirche beitragen könnte, um ihr bei der Identitätsfindung zu helfen, so gilt aufs neue: eigenes Lernen der Kirche, Bereitschaft, sich von den schon längst vorangegangenen jungen Frauen und ihren Lösungsversuchen anreden zu lassen. Dann erst wird Kirche ihrerseits auch geben können...

## Schlußbemerkung

Wir gingen aus von der Frage, welche Theologie heute „unten" lebe, bei den ganz normalen Kirchenmitgliedern, speziell den Jugendlichen. Die Frage verband sich uns bei der Betrachtung der einzelnen Facetten jugendlicher Alltagserfahrungen immer wieder mit der anderen, welche Rolle die real existierende Kirche und Theologie für die Lebensbewältigung der Jugendlichen spiele, spielen könne, spielen solle. Ich ziehe ein Fazit in wenigen Sätzen:

Die theologischen „Schätze" der Kirche sind wie unter Verschluß, den „Besitzenden" (theologisch „Gebildeten") vorbehalten: „unten", wo sie dringend benötigt würden, sind sie weitgehend nicht einmal mehr geahnt. Der Schlüssel zur Schatzkammer liegt in den Erfahrungen derer „unten". Würden sie von Kirche und Theologie zugelassen, aufmerksam bedacht, statt von scheinbar festen Positionen her theologisch abqualifiziert zu werden, so würde „aufgeschlossen": Die Schätze kämen unters Volk, die Gnade könnte sich erneut inkarnieren, statt rein, aber steril unter Verschluß gehalten zu werden. Anfänge dieses Geschehens sind da...

*Quelle?*
Jahrbuch der Religionspädagogik, Band I, Neukirchen-Vluyn 1985

# KANN „MORALITÄT“ EIN LERNZIEL SEIN?

## Überlegungen zum Religionsunterricht in der Marktgesellschaft

### *Auswirkungen des „Marktes“ auf die Charakterbildung*

Seit Sigmund Freud ist deutlich geworden, auf welche Weise die Gesellschaft, in der ein Mensch aufwächst, seinen Charakter bereits in frühester Kindheit prägt. Die Eltern (oder entsprechende erste Bezugspersonen) bauen einen Teil der Psyche[41], der beim Neugeborenen noch nicht vorhanden ist, erst in ihm auf: das „Überich“, die psychische Instanz, in der die elterlichen Normen verinnerlicht sind, die dem „Es“, der im Kind vorhandenen Triebschicht, entgegenwirken. Zwischen beiden, in Auseinandersetzung mit Es und Überich, erstarkt das (von Geburt an keimhaft vorhandene) „Ich“. Diese für das ganze Leben des Individuums grundlegenden Prozesse kommen um das sechste Lebensjahr zu einem vorläufigen Abschluß; die entscheidenden Strukturen des Charakters liegen dann fest. Im Bild gesprochen: Der Wagentyp, den dieser Mensch in seinem Leben fahren wird, ist da, samt seinen spezifischen Leistungsmöglichkeiten und Pannenanfälligkeiten; er bekommt keinen anderen mehr. Nicht festgelegt ist freilich, in welche Richtung er damit fahren wird: das steht, zu einem Teil, bei ihm selbst.

Das Überich also stammt, durch die Eltern vermittelt, aus der Gesellschaft. Ihre „Selbstverständlichkeiten“[42] gehen dem Kind, wie die Alltagssprache treffend sagt, „in Fleisch und Blut über“, werden ihm zur „zweiten Natur“. Zwar hat das Ich ab Vorpubertät und Pubertät die Möglichkeit, sich partiell vom Überich zu lösen und ein eigenes, den Wertvorstellungen der Gesellschaft u. U. auch widersprechendes Verhalten auszubilden[43]; gleichwohl wird immer merkbar bleiben, aus welcher Gesellschaft der Mensch herkommt, von welcher Art Überich sein Ich sich abstieß. So wird, wer zur fraglosen Unterordnung unter Autoritäten erzogen wurde, zwar trotzdem ein mündiger, auch zur Kritik nach „oben“ fähiger Bürger werden können; immer aber wird das für ihn einen Entschluß bedeuten, eine Art bewußtes Gegenlenken gegen den Drall des Wagens, den er fährt. Die Selbstverständlichkeit, mit der Amerikaner auch Vorgesetzte anfragen und kritisieren, werden Deutsche der jetzt lebenden Generationen kaum erreichen.

Sozialpsychologische Forschungen (ich nenne David Riesman[44] und Herbert Marcuse[45]) haben in den letzten Jahrzehnten deutlich gemacht, daß die Überichprägung beim Kind nicht nur von den ethischen Wertvorstellungen in der Gesellschaft abhängig ist, der seine ersten Bezugspersonen angehören, sondern auch und vor allem von der ökonomischen Struktur dieser Gesellschaft, mit deren Wandlungen sich auch ein Teil der Wertvorstellungen wandelt. So entsteht nach Riesman bei wichtigen Einschnitten in der wirtschaftlichen Entwicklung jeweils ein neuer Sozialcharakter ganzer Bevölkerungen: beim Übergang von der Agrar- zur Industriegesellschaft und innerhalb der letzteren von der industriellen Aufbauphase (bei uns ca. 19. Jahrhundert und erste Hälfte des 20.) zur Überproduktions- und Konsumgesellschaft. Traditionslenkung, Innenlenkung (self-directedness) und Außenlenkung (other-directedness) sind Charakterprägungen (genauer: Überichprägungen), in denen nicht individuelles Kinderschicksal, sondern wirtschaftliche Gegebenheiten und Notwendigkeiten der jeweiligen Gesellschaft sich auswirken. Abgekürzt kann man daher formulieren: Die wirtschaftliche Struktur der Gesellschaft bestimmt nicht nur unser äußeres Ergehen, sie wandert auch in unsere Psyche ein. Innengelenkte Erzieher, für die Sparsamkeit und „Knappheitsbewußtsein“[46] noch Überichnormen sind, haben es schwer mit außengelenkten Schülern, für die Konsum, Mithalten mit den Altersgenossen inneres Gebot ist[47] – und von denen ganze Industriezweige leben. Da Freud den außengelenkten Menschen noch nicht kannte, sondern es nur mit Innengelenkten zu tun hatte, kann Marcuse vom (wirtschaftlich bedingten) „Veralten der Psychoanalyse“ sprechen, deren wichtigste Prinzipien allerdings gleichwohl in Kraft bleiben[48].

Noch einen Schritt weiter in unsere gesellschaftlich-psychische Realität führt die Psychoanalyse Erich Fromms[49]. Nicht die Konsumgesellschaft allein, sondern ihre Organisation als marktwirtschaftliches System hinterläßt nach ihm ihre Spuren in der Charakterprägung. Unter mehreren „nicht-produktiven“, für die psychische Gesundheit schädlichen Charakterorientierungen beschreibt

Fromm die Marktorientierung wie folgt[50]: Sie „wurde erst in neuerer Zeit dominierend. Um sie zu verstehen, muß man sich die ökonomische Funktion vergegenwärtigen, die der ‚Markt' für die moderne Gesellschaft hat. Sie ist nicht nur dieser Charakter-Orientierung analog, sondern sie ist die Basis und die entscheidende Voraussetzung für deren jetzige Entwicklung... Es ist belanglos, welchen Gebrauchswert beispielweise ein Paar Schuhe hat; wenn das Angebot größer ist als die Nachfrage, wird ein Teil der Schuhe wirtschaftlich wertlos. Solange der Tauschwert für den Wert einer Ware ausschlaggebend ist, entscheidet der Markttag. Er ist der eigentliche ‚Gerichtstag'... Aber für die Charakter- und Bewußtseinsbildung des städtischen Mittelstandes und (durch dessen gesellschaftlichen und kulturellen Einfluß) der gesamten Bevölkerung war und ist... die regulierende Funktion des Marktes von großem Einfluß. Die Konzeption des Marktwertes, für welche der Tauschwert einer Ware wichtiger ist als ihr Gebrauchswert, führte zu einer ähnlichen Wertkonzeption in bezug auf Menschen und besonders auf die eigene Person. Daß man sich selbst als Ware und seinen Wert als Tauschwert begreift, diese Orientierung bezeichne ich als Markt-Orientierung."

Fromm charakterisiert diese Orientierung vor allem hinsichtlich der „Verkäuflichkeit" der eigenen Persönlichkeit, etwa bei der Stellensuche. „Dürfte man sich nur auf das verlassen, was man weiß und kann, so stünde die eigene Bewertung im proportionalen Verhältnis zu den eigenen Fähigkeiten, d. h. zum eigenen Gebrauchswert. Da Erfolg aber weitgehend davon abhängt, wie man die eigene Persönlichkeit verkauft, erlebt man sich selbst als Ware[51]." Weiter zeigt Fromm, wie sich das gleiche auf dem Sektor persönlicher Beziehungen vollzieht: man muß „in Mode sein". „Da der moderne Mensch sich gleichzeitig als Ware und als Verkäufer dieser Ware empfindet, ist sein Selbstbewußtsein von Voraussetzungen abhängig, die sich seiner Kontrolle entziehen. Hat er Erfolg, dann ist er wertvoll, wenn nicht, ist er wertlos." – „Mißt man den eigenen Wert an den Wechselfällen des Marktes, so geht jegliches Empfinden für Würde und Stolz verloren[52]. "

Die Folgen dieser Charakter-Orientierung für die seelische Gesundheit sind schwer: der Mensch wird in seiner Identität verunsichert, „die Individualität, das Besondere und Einmalige, ist wertlos, ein unnützer Ballast"[53]. „Dominierend ist keine besondere Haltung, sondern das Vakuum, das sich am schnellsten mit der jeweils gewünschten Eigenschaft ausfüllen läßt[54]." Die Unfähigkeit, einen anderen um seiner selbst willen zu lieben – die Unfähigkeit, die Frage nach der Wahrheit durchzuhalten, „die ein Mensch findet und immer wieder prüft"[55], kennzeichnen die Markt-Orientierung, die eine tiefe, aber nicht verstandene Unzufriedenheit hinterläßt, weil sie nichts eigenes im Menschen zur Entwicklung kommen ließ.

Ich habe Fromm selbst so ausführlich zu Worte kommen lassen, weil seine Befunde (durch mitgeteilte Analyse-Ergebnisse auch für den Leser gestützt) sich mit beunruhigenden Erfahrungen decken und diese klären helfen, die jeder Lehrer heute machen kann. Der Verlust der Wahrheitsfrage schon bei jungen Menschen[56], die seltsame Sinnleere und Lethargie inmitten einer Welt, die nach zugreifenden Händen geradezu schreit, das Apathieproblem in seinem ganzen Umfang[57] dürfte wohl hier, im marktbedingten Identitätsverlust, seine wichtigste Ursache haben[58].

Auf diesem Hintergrund stellt sich die Themafrage dieser Arbeit: Kann „Moralität" heute, für weitgehend außengelenkte und marktorientierte Schülergenerationen, ein Lernziel sein? Und worin würde es eigentlich inhaltlich bestehen?

## *Psychologische Grundlagen und theologischer Rang der Moralität. Ihre Unvereinbarkeit mit der charakterlichen Marktorientierung.*

Wenn im folgenden von einem Kernstück menschlicher Identität, nämlich der Moralität der gesunden Persönlichkeit, die Rede sein soll, so scheint es mir notwendig, zwei mögliche Mißverständnisse von vornherein auszuschließen. Erstens: Umgangssprachlich wird weitgehend, in der Literatur immer noch allzu oft Moral mit Sexualmoral gleichgesetzt; diese Gleichsetzung geschieht hier nicht. Es wird im folgenden kein Klagelied auf den Verlust rigider Sexualnormen (die Unzählige psychisch geschädigt haben) angestimmt. Vielmehr ist eine, im Zeitalter der Pille erst ganz neu zu entwickelnde, Sexualmoral Teil der zwischenmenschlichen Moral im ganzen, und um diese handelt es sich. Es geht also um Verläßlichkeit, Loyalität, darum, daß man auf das Wort des anderen und sein zugesagtes Verhalten bauen kann; es geht um die Möglichkeit des Vertrauens, um die (innere!) Unmöglichkeit, Vertrauen zu mißbrauchen, um die Authentizität zwischenmenschlichen Verhaltens überhaupt. Damit geht es zugleich um politische „Tugenden": Transparenz von Entscheidungsprozessen, Verzicht auf Machtmißbrauch, Frustrationstoleranz, die auch dem anderen sein Recht läßt. Es geht um Achtung vor der persönlichen Sphäre jedes anderen (auch des Kindes, auch des Abhängigen!), um verantwortlichen Umgang mit Geld (vor allem fremdem!), um die innere Unmöglichkeit zu foltern, zu quälen, zu schädigen[59]. Es geht um die innere Instanz im Menschen, an die ein anderer appellieren kann, gerade auch dann, wenn er ihm ausgeliefert ist.

Es geht mit alledem um etwas der Tendenz nach völlig Alltägliches. Vielleicht haben manche Verfechter der Situationsethik, besonders im protestantischen Raum, seit Dietrich Bonhoeffer den ethischen Grenzsituationen (Attentat!) zuviel Aufmerksamkeit geschenkt, wenn es darum ging, das Wesen von Moralität theoretisch zu erfassen. (Übrigens wäre dies natürlich gerade nicht in Bonhoeffers Sinn, der Gott „mitten im Leben" haben wollte.) Sage ich aber: „der Tendenz nach völlig alltäglich", so meine ich damit nicht, dieses Alltägliche sei selbstverständlich da. Vielmehr kann der Alltag zerstört werden, das Alltagsleben einer ganzen Gesellschaft in zunehmendem Maße ent-moralisiert, zynisch, mit dem höhnischen Triumph derer, die durch unfaire Mittel „gesiegt" haben – wie beim „Austricksen" einer konkurrierenden Firma auf dem „Markt".

Das zweite mögliche Mißverständnis, das es auszuschalten gilt, ist im obigen bereits mit angesprochen: Es handelt sich bei der Moralität der erwachsenen Persönlichkeit nicht um eine heteronome Moral, bei der von außen gesetzte Normen, seien es die irgendwelcher Autoritäten, seien es die des eigenen Überich, schlechthin Geltung hätten – wie beim kleinen, sein Überich erst entwickelnden Kind. Helmut Reisers Forderung einer Gewissensbewältigung als Aufgabe der Erziehung[60], seine hilfreiche, den Ergebnissen psychoanalytischer Identitätsforschung entsprechende Unterscheidung zwischen Überich-Gewissen und dem Ich-Gewissen des reifen Menschen, der „selber prüfen" kann[61], soll nicht übersehen, sondern gerade angewandt werden. Es geht um selbstverantwortetes Handeln, bei dem auf niemanden, auch nicht auf vorgefundene Autoritäten innen und außen, die eigene Prüfung der Realität und die ihr entsprechende Entscheidung abgeschoben werden kann.

Nun ist die Fähigkeit zu eigener Entscheidung nichts selbstverständlich Gegebenes. Mag auch (wie es vor allem existenzphilosophische Ansätze nahelegen) die menschliche Natur im Kern Freiheit *sein*[62], so ist diese ontologische Aussage doch keine Beschreibung des ontisch vorfindlichen Individuums. Seine Natur kann verkümmert, beschädigt, verstümmelt sein oder, in anderer Modellvorstellung: das Instrument, das seiner Freiheit zur Verfügung steht, sei es der physische, sei es der psychische Organismus, kann so verdorben sein, daß nicht mehr darauf zu spielen ist. Insofern entwerfen Sartre und Heidegger nicht menschliches Sein schlechthin, sondern das Sein *des* Menschen, der einigermaßen gesund heranwachsen konnte und die Phase der Pubertät durchschritten hat. Mit Hilfe psychoanalytischer Forschungsergebnisse, vor allem denjenigen Erik H. Eriksons[63], sei kurz vergegenwärtigt, was mit diesem „gesunden Heranwachsen" als einer der Voraussetzungen von Moralität gemeint ist.

Bevor das unabdingbar notwendige Überich[64] in der frühen Kindheit gebildet werden kann, muß eine starke emotionelle Bindung an eine Bezugsperson (meist die Mutter) erlebt worden sein. Furcht vor Liebesverlust (und damit Geborgenheitsverlust) ist es ja, die zur Verinnerlichung der elterlichen Normen, also der Überich-Bildung, führt. Moralität wurzelt, psychologisch gesehen, in der Emotionalität – so sehr sie später der intellektuellen Klärung bedarf. Es muß also in der Säuglingsphase „Urvertrauen" aufgrund der Erfahrungen warmer und verläßlicher Zuwendung erwacht sein; dies ist der erste lebensnotwendige Erwerb des jungen Ich[65]. Gelingt er, so können die weiteren Entwicklungsschritte (immer des „Ich", es sind hier nicht einzelne Fähigkeiten gemeint) getan werden. „Autonomie"-Erfahrung („Ich kann selbst etwas leisten") in der Sauberkeitsphase; „Initiative"-Erfahrung in den unmittelbar dem Schulalter vorausgehenden Jahren (kräftiges Herumlaufen, erstes Sichverlieben, erste unvermeidbare „Schuld"-Erfahrungen in der Rivalität des Jungen zum Vater, des Mädchens zur Mutter), Erfahrung der „Leistungs- und Lernfähigkeit" in bezug auf die

Sachwelt, im Wettbewerb mit Gleichaltrigen (Schulkindheit). Die in der Pubertät erfolgende partielle Loslösung des Ich vom Überich[66], in der, psychologisch gesehen, jeder Fortschritt der Menschheit begründet liegt, stürzt den einzelnen Jugendlichen zunächst in oft gefährliche Identitätskrisen, macht ihn unsicher, mißbrauchbar sowohl für „Führer" aller Art als auch für unverständige Erzieher, die sein neues Aufbegehren „brechen", ihn unter die ungebrochene Herrschaft der in der Kindheit erworbenen Überich-Normen zurückzwingen wollen. Findet er stattdessen Partner, die ihn seinen Weg suchen lassen, ohne ihn im Stich zu lassen (Gespräche sucht, braucht der junge Mensch in dieser Phase mehr als je), so kann die psychologische Grundlage für eine reife produktive Moralität vollendet werden: Die Fähigkeit, auf andere Menschen wie auf Sachgegebenheiten einzugehen, ohne sich selbst zu verlieren[67].

Natürlich bedeutet das nicht, daß der junge Erwachsene „fertig" wäre. Psychologisch folgen, nach Erikson, noch drei weitere Stufen der Ich-Entwicklung bis hin zum sechsten oder siebten Lebensjahrzehnt. Für die Thematik dieser Arbeit ist vor allem eines entscheidend: daß nämlich die produktive, nichtheteronome Moralität offen bleibt für Lernprozesse. Im Gegensatz zu einer überichbestimmten, infantil gebliebenen Moral, die ein für allemal zu wissen meint, was zu tun und zu lassen ist, – die deshalb beim Erwachsenen leicht zu Sterilität und daraus entspringender Bösartigkeit gegen freier Denkende führt, hält sich der wirklich moralische Mensch offen für neue Erfahrungen und Handlungsperspektiven. Dieser Lernfreigabe für sich selbst entspricht eine Lern-Erlaubnis für andere: die Einsicht, daß nicht von jedem in jeder Erfahrungsstufe dieselbe Handlungs- und Urteilsweise zu verlangen ist, daß Ansichtsänderungen oftmals nicht gegen, sondern für die Verläßlichkeit eines Menschen sprechen, gehört zur Moralität[68].

Verlassen wir nunmehr die Psychoanalyse und fragen nach dem theologischen Plus. Analogien zwischen den skizzierten psychologischen Erkenntnissen und denen des genuinen Christentums drängen sich ja fortwährend auf[69] und verlangen nach intensiver Bearbeitung und Klärung, die hier natürlich auch nicht in Ansätzen geleistet werden kann. Aber mir scheint, es gibt über die Analogien hinaus ein theologisches Plus, gerade was das Wesen der Moralität betrifft. Am besten formuliert fand ich es bei dem amerikanischen katholischen Theologen Leslie Dewart. Er schreibt[70]: „Wir können Gott nicht »sehen«, noch kann er von Menschen »gesehen werden«, solange wir dies – wenn es überhaupt möglich ist – nicht »verdienen«, das heißt solange – wenn dies überhaupt möglich ist – Gott nicht dadurch »sichtbar« gemacht wird, daß wir ihn in uns verwirklichen oder sozusagen ihn in uns schaffen. Denn moralisch gesprochen wird Gott ins Dasein gerufen – oder von ihm ferngehalten – je nach der vom Menschen frei gewählten Existenz: ein Gedanke, der uns andeuten könnte, an welcher anderen Stelle als im Gesetz die Quelle unserer moralischen Verpflichtung zu suchen ist, und welcher Größenordnung unsere moralische Verantwortung angehört."

Was bedeuten diese Sätze? Um sie vor einem verflachenden Mißverständnis zu schützen, so als gehe Gott in der moralischen Erfahrung des Menschen auf, sei darauf hingewiesen, daß es unmittelbar vorher heißt[71]: „Das Mißverhältnis zwischen dem Menschen und dem letzten Fundament der Transzendenz mag moralisch aufgehoben werden können, doch ontologisch muß es unüberwindlich bleiben, wenn Gott das ist, was, wie wir glauben, das durch die Erfahrung der Transzendenz geoffenbarte Offensein ausfüllt und die Kehrseite des kontingenten Charakters des gesamten Seins bildet." Dann aber ergibt sich, wie ich meine, für unsere Frage nach dem Wesen der Moralität zweierlei: Einmal, daß jenes Offenbleiben für Erfahrungen, Menschen, Situationen, das wir als ein Kennzeichen reifer Moralität bezeichnet haben, nicht eine heroische Leistung des Menschen darstellt (der sich vielleicht viel lieber „zur Ruhe setzen", nicht neuerlich nachdenken möchte, sich das aber nicht gestattet), sondern die Folge einer tiefen und grundlegenden, wenngleich selten theoretisch formulierten Erfahrung des „Offenen" ist[72], des nicht endenden „Rufes"[73] der Transzendenz. Und zweitens: daß diese Erfahrung nicht als solche bewahrt werden kann, sondern nur, indem sie sich inkarniert, will sagen: realisiert wird in dem Versuch des Menschen, den schaffenden und erlösenden Gott durch sein Handeln „ins Dasein zu rufen"[74]. (Dabei ist es nicht notwendig, daß der handelnde Mensch sich selbst theologisch interpretiert. Es mag sein, daß ein Mensch, der überzeugt ist, nicht an Gott zu glauben, hiervon mehr realisiert als viele Christen, – weil er „er selbst" ist und darum zu geben hat[75]).

Dietrich Bonhoeffers Sätze darüber, daß „man erst in der vollen Diesseitigkeit des Lebens glauben lernt“[76], sprechen verwandte Erfahrung aus, wobei der in diesem Zusammenhang gebrauchte Vergleich mit Gethsemane darauf hinweist, daß einem solchen Weg die Erfahrung des Kreuzes nicht fehlen wird.

Somit gehört Moralität zum Kern menschlichen Seins, und Freiheit als innerstes Wesen dieses menschlichen, „ruf-vernehmenden“ Seins kann nur als Moralität gelebt werden – und nicht, wie es einem nur formalen Freiheitsbegriff[77] entspräche, ebensogut auch ohne Moralität.

Nun liegt aber die Unvereinbarkeit produktiver Moralität mit jener Charakter-Orientierung auf der Hand, die Erich Fromm als „Markt-Orientierung“ bezeichnet. Hier der Mensch, der sich seines Wertes als Mensch bewußt ist, mit eigener Stimme spricht und sich als er selbst zu Menschen, Dingen und Situationen in Beziehung setzt, der Zukunft offenhält und aus allem Begegnenden lernt, – dort der für alles Verwendbare, der an Stelle des eigenen Ich-Gewissens ein Vakuum in sich trägt. Stimmt Fromms Beobachtung, daß die charakterliche Markt-Orientierung dominiert, so wird damit klar, daß „Moralität“ in einer solchen Gesellschaft von vornherein „Widerstand“ heißt, Widerstand gegen den herrschenden Trend. Daher ergibt sich die Frage: Ist ein so lebender Mensch als Realist anzusehen, oder jagt er Illusionen nach, die sein Leben schwer und dennoch fruchtlos machen? Muß er in der gegebenen Gesellschaft, die Selbst-Sein gerade nicht honoriert, nicht scheitern?

Zu dieser Frage sind noch einmal Darlegungen Erich Fromms wesentlich: Er unterscheidet den „Realisten“ vom „Produktiven“ und kennzeichnet ersteren so: „Er sieht alles, was an der Oberfläche zu erkennen ist, kann aber nicht zum Wesentlichen vordringen und kann sich nichts vorstellen, was noch nicht sichtbar ist... Realität ist für ihn lediglich die Summe des Materialen. Einem solchen Menschen fehlt es nicht an Einbildungskraft, aber seine Einbildungskraft ist berechnend, weil sie alle bekannten und existierenden Faktoren zusammenfaßt und daraus die zukünftige Entwicklung folgert[78].“ Einen solchen Menschen bezeichnet Fromm als „krank“: „Die Krankheit des ‚Realisten‘ läßt ihn als menschliches Wesen verarmen. Zwar wird er in seinen gesellschaflichen Funktionen nicht beeinträchtigt; aber da seiner Auffassung der Wirklichkeit jede Tiefe und Perspektive fehlt, ist sie derart entstellend, daß er irren muß, wenn es sich um mehr handelt als um unmittelbar gegebene Tatsachen und Absichten[79]." M.a.W.: gerade der Realist läßt den Hauptfaktor außer Betracht. Er fragt nicht danach, was bei seinen Handlungen aus ihm selbst, dem Handelnden, wird, aus seinem Charakter, seiner menschlichen Substanz. Der Produktive dagegen weiß oder fühlt, daß es Preise gibt, die er nicht zahlen darf, um zu Erfolgen zu kommen, „denn der wichtigste Gegenstand der Produktivität ist der Mensch selbst"[80]. Produktive Liebe, so Fromm, greift auf eine andere Weise in die Zukunft vor, als der „Realist" es kann: nicht berechnend, nicht beherrschend, sondern Freiheit realisierend für die anderen und für sich selbst – eine psychologische Erkenntnis, in der der „Ruf der Transzendenz" sich abspiegelt.

## *Möglichkeiten der Erziehung zur Moralität heute*

Da ein Verständnis des Christlichen ohne Willen zur Moralität nicht möglich ist, die in der Marktgesellschaft vorherrschende Charakterorientierung aber der Moralität widerspricht, so ergibt sich: das Lernziel „Moralität" ist integraler Bestandteil eines Religionsunterrichts, der das kritische Potential des genuinen Christentums nicht unterschlägt. Es kann in der Schule der Marktgesellschaft nur dann realisiert werden, wenn um Lehrende und Lernende herum zugleich ein Stück Gegengesellschaft entsteht, in der die Entstehung der charakterlichen Markt-Orientierung bekämpft wird.

Auf welche Weise kann schulischer Unterricht so großen Zielen dienen? Ich nenne zwei einfache, dennoch im Schulalltag erfahrungsgemäß nur unter Schwierigkeiten realisierbare Prinzipien (die sich im übrigen keineswegs auf den Religionsunterricht beschränken sollen, dazu s. u.):

A) Der Schüler muß seinen eigenen Wert als Mensch erleben.

B) Der Schüler muß an der Gestaltung seiner Welt (der Schule) beteiligt sein können.

Kommen diese Prinzipien zur Geltung, so bieten sich Stoffe und Inhalte genug, gerade auch im Religionsunterricht, die dem Lernziel „Moralität“ dienlich sein können.

Es mag auf den ersten Blick verwundern, daß mit diesen beiden Prinzipien Atmosphärisches und Schulorganisatorisches (das weiter unten noch in großen Zügen skizziert werden soll) an erster Stelle genannt und damit Inhalten vorgeordnet wird. Sind es nicht die im Religionsunterricht vermittelten Lehren, die sein Hauptmerkmal darstellen?

Hierauf ist zu antworten: allerdings sind sie das. Nur sind diese unvergleichlichen Lehren nicht dazu geeignet, als rein kognitive Lernziele vermittelt zu werden. Es sind keine mathematischen Formeln; es sind den Menschen in seinem Menschsein betreffende Erkenntnisse. Werden diese in einer Umgebung vermittelt, die ihnen atmosphärisch und strukturell widerspricht, ohne daß der Lehrer mit den Schülern zusammen dem entgegenwirkte, so werden eben diese Lehren unglaubwürdig und für die Charakterbildung gefährlich. Es entsteht eine typische „double-bind“-Situation[81]: die Schüler empfangen von einer und derselben Stelle zwei einander widersprechende Botschaften, die eine verbal und bewußt, die andere real und unbewußt. Und wie bei jeder double-bind-Situation ist die unbewußte Botschaft die stärkere. Verbal hört der Schüler von Gnade, von Barmherzigkeit und von einer Gerechtigkeit, die dem Menschen nicht gibt, was er verdient, sondern was er braucht. Real erfährt er sich als samt dem Lehrer eingespannt in eine gnadenlose Konkurrenz- und Auslesesituation. Verbal hört er von der unvergleichlichen Würde des Menschen (als höchstes Geschöpf, „wenig niedriger als Gott“, ja „Bild Gottes“, als von Gott Geliebten, der ihn der Erlösung durch den Tod Christi für wert hält, als zur Auferstehung Bestimmten...usf.). Real erfährt er, daß er selbst als Mensch nur sehr geringen Wert hat. Seine Fragen, Wünsche, Interessen können in der Massenschule kaum zur Geltung kommen, seine Lernfähigkeit wird nicht entfaltet, seine Beschwerden interessieren herzlich wenig. Und er spürt sehr wohl: auch der Lehrer hat Angst, muß Normen entsprechen, kann oftmals nicht, wie er möchte. Wo also sollen denn alle die schönen Dinge gelten, von denen er hört, etwa nur in Gedanken oder erst im „Himmel“?

Während eine double-bind-Situation beim Kleinkind zu schwerer Krankheit (bis hin zur Schizophrenie) führen kann, verstärkt sie beim Erwachsenen wie beim Heranwachsenden die Neigung zum Zynismus. Ja, man muß wohl sagen, daß „double-bind" in sich eine objektiv zynische Situation darstellt. Gerade diese aber ist der Entwicklung einer charakterlichen Selbstentwertung (wie sie in der „Markt-Orientierung" vorliegt) so förderlich wie nur möglich – und widerspricht damit der Erziehung zur Moralität.

Anders ausgedrückt: soll Moralität ein Lernziel sein, so muß der Lehrer selbst um Moralität bemüht sein. In einer Umgebung, die die fleischgewordene (besser: strukturgewordene) Immoralität darstellt, kann er das nur, indem er dieser Umgebung wirksam widersteht, d. h. sie ändert, z. B. durch Anwendung der beiden oben genannten Prinzipien. Was sie enthalten können, sei kurz skizziert:

Der Schüler muß seinen Wert als Mensch erleben:

- durch Selbst-Handeln-Dürfen (Organisation des Unterrichts in kleinen Gruppen, Aufnahme von Themen, die von Schülern benannt werden, u. a.)
- durch die Art, wie er behandelt wird (keine Ironie, sie wäre unfair, denn der Lehrer ist in der stärkeren Position; Achtung; Lern- und Hörbereitschaft auch des Lehrers)
- durch gerechtes Eintreten für ihn, auch gegen Autoritäten
- durch hilfreiche Anleitung beim Erlernen von Methoden, vor allem solchen gemeinsamen Lernens.

Der Schüler muß an der Gestaltung seiner Welt beteiligt sein können:

- durch Transparenz von Entscheidungsabläufen (in einer fairen und sachlichen Aussprache (Verfügungsstunde) wird mehr an Moralität gelernt als in vielen, methodisch noch so guten Unterrichtsstunden darüber, sofern sie rein kognitiv bleiben)
- durch Raumgeben für nichtgelenkte gemeinsame Schüleraktivitäten
- durch Beachtung der von den Schülern kommenden Kritik, auch an der Schule im ganzen (Umsetzung in konkrete Vorschläge erfolgt von selbst, wenn Kritik erst einmal gehört wird).

Alle diese Forderungen sind nicht neu – wenn es der Theorie nach geht. Schulen aber, in denen nach ihnen vorgegangen wird, haben immer noch Seltenheitswert. Auch hier also: eine objektiv zynische Situation. Dem Globalziel der Schule in der Demokratie, nämlich der „Emanzipation“, scheint es nicht besser zu ergehen als dem Lernziel „Moralität“ im Religionsunterricht. Kein Wunder, denn beide haben etwas miteinander zu tun. Vielleicht muß zuallererst gelernt werden, und zwar von den Erwachsenen, daß der Markt um des Menschen willen da ist, und nicht der Mensch um des Marktes willen – auch d e r Mensch nicht, der die Hauptschule besucht. Was es bedeuten würde, dies wirklich zu lernen, und welche Opfer noch zu bringen sein werden, bis dieses Lernziel erreicht ist, das wissen wir noch nicht, Bis dahin bleibt genuin christliche Moralität ein Teil des „Zeichens, dem widerprochen wird“ (Lk 2,34).

*Quelle:*
Junge Kirche 33. Jg., Heft 8/9 1977

Ist es eine besondere Religion, die die bisherigen Führer des neuen Nicaragua vertreten oder die aus den Basisgemeinden Nicaraguas zu uns spricht?

Natürlich nicht. Es ist schlicht Christentum, mehr oder weniger aufgeklärtes, weit überwiegend katholisches Christentum; Baptisten und andere Protestanten machen auch mit. Freilich ist es ein mit großer Intensität gelebtes, praxisrelevantes Christentum, nicht die bei uns übliche Beschwichtigungsreligion, die eher einer fernen Erinnerung ans Christentum gleicht. Oder kann sich jemand vorstellen, daß ein europäischer Außenminister, um große Gefahren endlich abzuwenden (z. B. die Atomraketen wegzukriegen), ein „Fasten bis zum Tod" begänne? Der sandinistische Außenminister Miguel d'Escoto hat es bekanntlich getan, um eine „evangelistische Erhebung" gegen den Imperialismus und den Contra-Terror in der Christenheit der Welt hervorzurufen. Er brach erst ab, als er viele Bekundungen der Solidarität aus der Ökumene erhalten hatte. Oder wäre es bei uns denkbar, daß ein Innenminister (etwa angesichts von Terroranschlägen) formulierte: „Unsere Rache ist die Vergebung"? Nicht einmal Aussteigern gilt sie. Innenminister Tomas Borge aber hat es nicht nur formuliert, öffentlich und immer wieder, sondern persönlich seinem Folterer verziehen und, was noch wichtiger ist, eine „Revolution ohne Todesstrafe" durchgeführt. Die Mörder und Folterer der Somoza-Zeit wurden weder umgebracht, noch aber konnten sie sich ungestraft verstecken (wie so viele Nazi-Henker bei uns); sie wurden zu Gefängnis verurteilt, aber mit der Hoffnung, sie zu gewinnen. Wäre der Contra-Krieg der USA nicht begonnen worden, so hätte hierin sicher mehr erreicht werden können.

Aber der Unterschied zwischen der Religion der Sandinisten und der Basisgemeinden einerseits und der bei uns üblichen andererseits ist nicht nur der der größeren Intensität. Es werden vor allem die Akzente anders gesetzt. Gerade solche Seiten des christlichen Glaubens, die bei uns im allgemeinen ganz im Hintergrund bleiben, werden betont. Ich nenne einige wenige: der „neue Mensch" und die Rolle der Hoffnung; die Verpflichtung zum Kampf für Gerechtigkeit; der Sinn aktiven Leidens; die „größeren Möglichkeiten Gottes"; die Geschwisterlichkeit der Christen; der Gottesdienst als Fest, das das Reich Gottes ansagt und vorwegnimmt; Parteinahme. Zu jedem dieser Akzente ein paar Hinweise.

### *Der neue Mensch*

Ein selbstverständlicher Begriff des Neuen Testaments, speziell bei Paulus, nicht nur an der Kardinalstelle 2 Kor 5,17. Ausgewertet in unserer christlichen Rede und Erfahrung ist er kaum; die übliche Rede von der Schlechtigkeit des Menschen, der „letzten Endes immer derselbe sei", ist weit eher typisch dafür. In Nicaragua lesen wir, ein Beispiel für viele, in einem „Offenen Brief der Basisgemeinden aus Stadt und Land"[82] an die offizielle Kirche (1981): „Wir haben uns zusammengefunden, um den Glauben kennenzulernen, zu verteidigen und in die Tat umzusetzen, um das Evangelium kennenzulernen und um uns so weiterzuentwickeln... Deshalb möchten wir die Christen unterstützen, die aktiv im Revolutionsprozeß engagiert sind und sich bemühen, neue Menschen entstehen zu lassen". Neu-Werden hat hier, man sieht es, viel mit Lernen zu tun. Christsein als Lernprozeß statt „gläubiger" Hinnahme gesetzter Fakten und fertiger Rezepte? Im Neuen Testament wieder: ja. Erinnern wir uns z. B. an Phil 1,9: „Darum bete ich, daß eure Liebe immer reicher werde an Erkenntnis und Erfahrung, damit ihr prüfen könnt, was das Beste sei". Bemerkungen dieser Art fallen im Neuen Testament fast nebenbei, weil selbstverständlich. Wer neu werden und lernen will, und wer dies anderen (allen!) ermöglichen will, der verspricht sich etwas davon, der hat Hoffnung, lebt zukunftsbezogen. Zukunft ist die wichtigste Dimension der Zeit im sandinistischen Basischristentum.

### *Die Verpflichtung zum Kampf um Gerechtigkeit*

Es gibt zwei verschiedene Grundhaltungen angesichts des Leidens an der empörenden Ungerechtigkeit der Welt: entweder ich hoffe, für mich und die Meinen dennoch ein halbwegs auskömmliches

Plätzchen zu finden (und sonst nichts), – oder ich kämpfe um gerechte Verhältnisse für alle. Im religiösen Bereich entweder: „daß ich in den Himmel komme" – oder „Dein Reich komme" (nämlich auf die Erde). Die eine Bitte ist pseudochristlich, die andere biblisch. Welches die bürgerlich-christliche Orientierung Europas ist, ist klar. Nun haben es „Arme" wohl leichter, hier klar zu sehen, als Abgesicherte. Aber auch die armen Massen Lateinamerikas hat man so dumpf machen können, daß sie allenfalls im „Jenseits" etwas Besseres erhofften. Zum Werden des neuen Menschen gehört das Erwachen zu der neu gesehenen Pflicht, jetzt und hier für Gerechtigkeit zu kämpfen. Die „Wiederaufrichtung der Menschen", „der moralische Wiederaufbau Nicaraguas" (Tomas Borge)[83] ist wichtigste Aufgabe.

Wir wissen, was dieser Kampf die Menschen Nicaraguas gekostet hat (und noch kostet), und was er in den Nachbarländern El Salvador und Guatemala kostet. Davon soll im nächsten Abschnitt die Rede sein. Das Wort „Kampf" ist hier in keinem Sinne metaphorisch gemeint. Ein erstes Ziel ist erreicht, und die Neuordnung der Gesellschaft hat realiter begonnen, wieder unter Beteiligung der Massen. Aber ich möchte auf eine Seite des Kampfes um Gerechtigkeit aufmerksam machen, die man hier leicht übersieht, weil sie ganz und gar ungewöhnlich ist: die nach der Revolution notwendige Kritik an der neuen, der sandinistischen Regierung. Tomas Borge sagte als Minister: „Wir sollen bescheiden sein. Dies ist eine großartige christliche Tugend, die von allen Revolutionären gelebt werden sollte. Revolutionäre Kritik ist eine Notwendigkeit. Christen sprechen von Beichte. Die Kritik ist der Beichte ähnlich; sie ist eine Art der Beichte. Wir glauben, daß die Kritik eine besondere Form der Beichte darstellt, die wir täglich und in jedem Augenblick ausüben müssen. Die Kritik, die jetzt an uns geübt wird, müßte dauernd da sein, 24 Stunden am Tag. Wir müßten fortwährend ein Gegenstand der Kritik sein. Die Führer einer Revolution sollten nämlich, wie wir schon einmal gesagt haben, eine Art Vitrine darstellen, die der kritischen Betrachtung und der revolutionären Wachsamkeit des ganzen Volkes unterliegt."

Also keine Beleidigungsklagen ... derer „oben" gegen die „unten". Aber auch keine Resignation! Das Wissen um die Fehlbarkeit jedes Menschen führt nicht zum Achselzucken, sondern zur (auch institutionalisierten) Kritik von unten nach oben. Wir erinnern uns, wie die neue Verfassung im ganzen Land kritisch diskutiert wurde, ehe sie, nach entsprechender Überarbeitung, in Kraft trat.

## *Der Sinn aktiven Leidens*

Vor allem in der Zeit vor dem Sieg der Revolution entstanden ergreifende Texte, Briefe und Gebete, die aus den Foltergefängnissen Somozas stammen – Gebete, die wir nicht auf unsere Lippen nehmen können, Briefe, von denen wir nicht wissen, wie wir ihnen antworten könnten. „Ich bemühe mich darum, standhaft zu sein, doch ich weiß nicht, ob ich lange aushalten werde", schreibt David, ein 21jähriger Automechaniker aus der Zelle. „Du kannst dir nicht vorstellen, wie ich mich fühle. Ich habe nicht einmal wirklich Kraft zu schreiben. Ich denke zurück an soviel Leiden und Opfer, die ich für das Wohl meines Volkes auf mich genommen habe, und an die Hingabe meines ganzen Wesens und aller meiner Kräfte im Namen des Herrn. Aber ich kann die Logik von soviel Leiden nicht verstehen".[84] Die Unmittelbarkeit, mit der biblische Texte zu solchen Menschen sprechen und ihnen Sinn schenken („Meinetwegen werden sie gefoltert und in das Gefängnis geworfen", spricht der Herr – diese Worte zitiert der junge Mechaniker und fährt fort: „Sie erfüllen mich mit Freude"), diese Unmittelbarkeit entstammt der vergleichbaren Situation. Da ist nichts vergeistigt, nichts symbolisch gemeint.

Die Identifikation mit dem Leiden Jesu ist in diesen Texten überall gegenwärtig, auch die mit Maria, die um ihren Sohn trauert und bei ihm bleibt. Sie hat nichts mit Masochismus, nichts mit einer krankhaften Leidensseligkeit zu tun. „Nie habe ich die Absicht gehabt, Märtyrer zu werden, Gott weiß es", schreibt David. Es handelt sich um die „Unterdrückung durch ein korruptes System, das in den letzten Zügen liegt und das alle Kräfte des Bösen zusammenrafft, um die... zu ermorden,...die sich entschieden haben, Salz und Licht der Welt zu werden." „Wenn du den Frieden willst, kämpfe für Gerechtigkeit", so zitiert er Papst Paul VI.

Das Kreuz bekommt die Füße auf die Erde. Es bekommt den gleichen brutalen, sachlichen Sinn, den es am Anfang hatte. Leiden als solches hätte keinen Sinn; der Kampf und das Ziel, um dessentwillen er geführt wird, bringt den Sinn mit sich.

Anfängliche Erfahrungen dieser Art werden ja auch bei uns, in einer sonst extrem leidensvermeidenden, auf „Sicherheit" bedachten Gesellschaft wieder gemacht, wenn Initiativen den Zusammenstoß mit der Staatsmacht riskieren. Noch wirken sie wenig in die Beschwichtigungsreligion hinein.

### *Die „größeren Möglichkeiten Gottes"*

Als Ernesto Cardenal seine Lateinamerikanischen Psalmen[85] schrieb, Nachdichtungen der Psalmen des Alten Testaments, war der Kampf gegen die Diktatur Somozas noch nicht gewonnen. Revolten hatte es gegeben, immer wieder. Cardenal hatte sich als Student daran beteiligt; die Revolution stand noch aus. Wir erinnern uns an Psalm 5:

*Hör meinen Protest*
*Psalm 5*

Hör meine Worte, Herr -
höre mein Seufzen
hör meinen Protest,
denn Du bist Gott und kein Freund der Diktatoren,
Du folgst nicht ihrer Politik
noch achtest Du auf ihre Propaganda
Du hast mit Gangstern nichts gemein.

Ihre Reden sind unaufrichtig
wie ihre Presse-Erklärungen.

Sie sprechen vom Frieden –
und steigern die Rüstungsproduktion.
Auf ihren Konferenzen reden sie vom Frieden,
doch im geheimen bereiten sie Krieg vor.
Die ganze Nacht lang streuen ihre Radiosender Lügen aus,
verbrecherische Pläne füllen die Akten ihrer Büros.

Du aber, Herr, wirst mich vor ihren Anschlägen retten.
Sie Sprechen mit dem Mund der Maschinengewehre,
und ihre Zungen sind glänzende Bajonette.

Straf sie, o Gott!
Laß scheitern ihre Politik!
Bring ihre Memoranden durcheinander!
Verhindere ihre Programme!

Wenn die Sirene heult,
wirst Du mir beistehen,
meine Zuflucht bist Du am Tag der Bombe.

Wer ihren lügnerischen Parolen nicht glaubt,
wer ihrem Werben und ihren politischen Kampagnen nicht traut,
den segnest Du,
den umgibst Du mit Deiner Liebe
wie mit Panzerwagen.

„Gott" steht hier für „Wahrheit", für die Möglichkeit des Widerstandes gegen noch so raffinierte Desinformation. In einer Zeit, in der nicht nur BILD die Menschen verdummt, sondern in der vom großen Geld ganze Institute unterhalten werden, deren einzige Aufgabe es ist, gezielt Desinformation (gerade auch über Nicaragua) in die Medien zu bringen[86], damit die ökonomisch-militärisch-politischen Großpläne nicht durch empörte Bevölkerungen gestört werden – in einer solchen Zeit, in der der Kampf um die Köpfe voll entbrannt ist und doch von den meisten nicht wahrgenommen wird, sind solche Gedanken sicher höchst aktuell. Welchen Unterschied macht es, ob man schlicht informiert und entschlossen ist, sich nicht dumm machen zu lassen, oder ob dies seine Wurzeln im Glauben an Gott hat?

Hier scheint mir ein Gesichtspunkt sehr wichtig zu sein, der bei uns auch in der Linken oft fehlt: indem von „Gott" gesprochen wird, besteht Hoffnung für alle. Die Informierten sind nicht eine kleine Elite, die in ihren Ghettos diskutiert. Sondern jeder Mensch ist als Bild Gottes geschaffen (ein Gedanke, der bei Cardenal immer wieder zum Ausdruck kommt), jede BILD-Leserin kann erfahren, daß sie getäuscht wird, alle zusammen können sich dagegen wenden. Daß das in „Wohlstands“ländern schwieriger ist als in solchen, wo der tägliche Hunger die Menschen überführt, soll nicht bestritten werden. Nur fehlt bei den Sandinisten die müde Resignation, die gerade auch für Linke bei uns so kennzeichnend ist – fehlte eben auch vor ihrem Sieg. Und das hat mit Gott zu tun. Und sie fehlt jetzt, nach dem Verlust der Regierungsmacht. Darauf wird noch zurückzukommen sein.

Nach dem Sieg der Revolution hieß es in einer Botschaft des Verbandes der Ordensgeistlichen Nicaraguas und des Verbandes evangelischer Christen[87]: „Mit mächtiger und befreiender Hand hat Gott in Nicaragua gewirkt. Zeichen seiner wunderbaren Gegenwart inmitten unseres kämpfenden Volkes waren und sind: der Hunger nach Gerechtigkeit bei den Armen und Unterdrückten, der Mut, die Beteiligung der Frau, das Beispiel der Einheit, die Gastfreundschaft und Kameradschaft, die Verantwortung, mit der jeder einzelne seine Aufgabe beim Wiederaufbau übernommen hat, und schließlich die Großzügigkeit im Sieg und die hoffnungsvolle Freude, die das ganze Volk von einer besseren Zukunft für alle, und nicht nur für ein paar wenige, träumen läßt.“

Zeichen der Gegenwart Gottes ist das Engagement der ganz gewöhnlichen Leute! Ob die „Option für die Armen“, die wir gern zitieren, bei uns als „Option für die Massen interpretiert werden müßte, damit wir andere Erfahrungen machen?

Die größeren Möglichkeiten Gottes erschöpfen sich bei Cardenal und den Basisgemeinden nicht darin, daß er mit der Desinformation fertig wird; er ist überhaupt stärker als Banken, Konzerne und Armeen. Das zeigt sich daran, daß Systeme, die seinem Willen widersprechen, sich selbst zerstören (so Psalm 34: „Ihr eigenes politisches System wird sie zugrunde richten; wie sie andere zu Fall brachten, werden sie selber fallen“[88]) . Zugleich spricht, was das Schicksal des einzelnen Kämpfers betrifft, aus vielen Texten ein ganz unmittelbares Gottvertrauen. „Meine Zuflucht bist du am Tag der Bombe“. „Ich brauche keine Beruhigungsmittel, weil du, Herr, mir Sicherheit gibst.“[89]

Gottvertrauen – das ist ein zentrales Thema auch unserer Religion. Nur ist da ein entscheidender Unterschied: unsere Lieder besingen ein passiv-hinnehmendes Vertrauen. Bei Cardenal ist es ein aktives, Initiative ergreifendes Vertrauen erwachsener, um Veränderung kämpfender Christen, die etwas wagen. „Kinder Gottes" sind hier nicht, wie in unserer infantilisierenden Tradition, Gottes Säuglinge, sondern Juniorpartner in Gottes Betrieb...

*Geschwisterlichkeit der Christen*

„Brüder und Schwestern sein", das ist in der Religion der Sandinisten und des Basischristentums weder eine (heuchlerische) Behauptung noch ein sentimentales feeling; es bedeutet ein neues Verständnis von Arbeit und Politik – Kooperation im Alltag. Die Baptistengemeinde von Jinotepe übersetzt Psalm 127 so:[90]

Wenn das Volk nicht selbst die Aufgabe des Wiederaufbaus übernimmt,
wird Jahve kein neues Volk schaffen.
Wenn das Volk nicht selbst seine Revolution vor den Feinden bewahrt,
wird Jahve sie nicht an seiner Stelle hüten.
Nichts wird es nützen, von Sonne zu Sonne zu arbeiten
und unter Mühsal verdientes Brot zu essen,
wenn wir aus der Arbeit ein individuelles Anliegen machen.
Denn die Arbeit ist ein Mittel, um eine Nation aufzubauen.
Viele Jugendliche haben ihr Leben für die Volksrevolution geopfert:
schaffen wir aus diesem Tod neues Leben.

Und in einer Rede Tomas Borges vor Vertretern der Evangelischen Kirchen Nicaraguas heißt es:[91] „Solange wir den Egoismus nicht besiegt haben, können wir die Befreiung des Menschen nicht erlangen; und solange wir die Befreiung des Menschen nicht erlangt haben, können wir auch unsere revolutionären Träume nicht vollständig verwirklichen. Grundlegend wird sein, daß der Mensch für den Menschen lebt. Wenn der Mensch nicht nur für sich selbst lebt, sondern fähig wird, sein Herz zu öffnen und sich für andere einzusetzen, dann bricht der Tag der Verwirklichung unserer Revolution an.... Wie gestern Somoza geschlagen wurde, so werden wir morgen den Egoismus besiegen."

In dem schon erwähnten Offenen Brief der Basisgemeinden heißt es dementsprechend:[92] (Wir müssen) „daran erinnern, daß unsere Gruppen entstanden, um in einer Zeit fürchterlicher Unterdrückung für das Leben der Menschen zu kämpfen, um in der Geschichte des Kampfes Gott anwesend sein zu lassen und um eine feste Einheit zu schaffen, weil wir ja alle Elend, Unwissenheit, Krankheit, Laster und Verbrechen erlitten. Wir schlossen uns zusammen und wuchsen, um unser Bewußtsein zu schärfen und um die gesellschaftlichen und wirtschaftlichen Probleme zu analysieren und zu lösen, die uns an unseren Wohnorten bedrücken. Es ging uns darum, im Glauben zu wachsen, das Wort Gottes zu hören und Zeichen dafür zu erkennen, daß die Revolution eine Entscheidung für die Armen ist. Innerhalb dieses großen Prozesses gruppierten wir uns um bescheidene Gemeinschaftsprojekte, die uns in gemeinsamer Arbeit miteinander solidarisch werden ließen und bei der Motivation halfen, uns auch persönlich zu entwickeln..."

Daß das Wirtschaftssystem dem wird entsprechen müssen, ist den Beteiligten klar. Wenn sie endlich ihr Land so gestalten können, wie sie selbst es wollen...

### *Der Gottesdienst als Fest, das das Reich Gottes vorwegnimmt*

Zu diesem Punkt muß wohl am wenigsten gesagt werden. Lateinamerikanische Bauernmessen gehören bei uns schon zur Folklore. So zitiere ich nur zwei Texte aus einer solchen Messe, die noch in Solentiname entstanden ist und gefeiert wurde:[93]

*Bauernmesse aus Nicaragua*
*Eingangslied*

Du bist der Gott der Armen
der Einfache und Menschliche
der Gott, der auf der Straße schwitzt
der Gott mit dem sonnengegerbten Gesicht
Deshalb spreche ich zu Dir
so wie mein Volk spricht
weil Du der werktätige Gott bist:
Christus, der Arbeiter.

Du gehst mit meinen Leuten Hand in Hand
kämpfst auf dem Lande und in der Stadt
im Arbeitslager stehst Du Schlange
damit sie Dir Deinen Tageslohn bezahlen
Du ißt dort im Park mit Eusebio
mit Pancho und Juan Jóse
und kratzt Deine Schüssel aus
wenn in Deinem Cirope zu wenig Honig ist.

Ich habe Dich in einem Wirtshaus
beim Schank sitzen gesehen
ich habe Dich gesehen, als Du Lose verkauftest
auf der Gasse
und Du hast Dich nicht geschämt
ich hab Dich bei der Tankstelle gesehen
wie Du die Reifen eines Lasters überprüft hast
sogar bei der Straßenpatrouille
im Overall und mit Lederhandschuhen.

Du bist der Gott der Armen
der Einfache und Menschliche
der Gott, der auf der Straße schwitzt
der Gott mit dem sonnengegerbten Gesicht.
Deshalb spreche ich zu Dir
so wie mein Volk spricht
weil Du der werktätige Gott bist:
Christus, der Arbeiter.

Aus dem Credo:
Ich glaube an Dich, Genosse,
Christus Mensch,
Christus Arbeiter
Sieger über den Tod!
Mit Deinem unermeßlichen Opfer
hast Du den neuen Menschen geschaffen
für die Befreiung.
In jedem Arm, der sich erhebt
um das Volk gegen die ausbeuterische

Herrschaft zu verteidigen,
erstehst Du neu:
denn Du lebst mit uns in der Hütte,
in der Fabrik und in der Schule.
Ich glaube an Deinen Kampf ohne Rast,
ich glaube an Deine Auferstehung!

*Parteinahme*

Probleme europäischer Aufklärung oder theoretisch gestellte hermeneutische Fragen behelligen die Christen des neuen Nicaragua nicht. Ihre Identifikation mit den Gestalten der Bibel bis hin zum auferstandenen Christus geschieht ohne bibelwissenschaftliche Skrupel. Dafür ist ihnen das entscheidende Manko bürgerlicher Religion und Theologie fremd: die verdeckte Option für die Aufrechterhaltung der bestehenden kapitalistischen Gesellschaftsordnung durch scheinbare Nicht-Option. Der Gott der Sandinisten wie der der Basischristen ist parteilich – für die Befreiung der Armen. Der unsere ist es auch – für das Gegenteil; nur sagt man's nicht. Dazu noch einmal Tomas Borge:[94] „Man kann nicht zwei Herren dienen!... Man kann nicht abstrakt lieben; man muß konkret lieben. Man kann nicht die Unterdrückten lieben, ohne den Unterdrückern die Stirn zu bieten. Ich sage nicht, man könne die Unterdrücker nicht lieben. Aber manchmal muß man die Unterdrücker bekämpfen, um sie zu lieben. Manchmal ist die revolutionäre Gewalt selbst eine Form der Liebe, wenn sie von einem christlichen Standpunkt aus gesehen wird. Wenn einer sagt, man könne die Ausgebeuteten nicht lieben, ohne die Ausbeuter zu hassen, dann kann man diesen Satz so verstehen, daß dieser „Haß" gegen die Ausbeuter nichts anderes als ein konkreter Ausdruck der Liebe ist. Wenn nämlich ein Ausbeuter zerstört, foltert und mordet und wenn Revolutionäre diesen Ausbeuter bekämpfen und entmachten, dann tun sie doch auf gewisse Weise Gutes demjenigen, der Schlechtes getan hat. Sie versuchen, ihn zu bekehren und zu verändern." „Man muß darum kämpfen, daß der Christus der Armen nicht wieder gekreuzigt wird."

Ja, das ist wohl wahr. Und es bleibt wahr, auch in der neuen Situation, gerade in ihr. Das Verhalten der sandinistischen Führer nach der verlorenen Wahl hat alle in Erstaunen versetzt, die sich mit ihrer Religion nie befaßt hatten. Die Beschwichtigung ihrer Anhänger, die zum Aufstand bereit waren, und die Verhinderung eines Blutbades auf diese Weise; – das weitere Kämpfen für Gerechtigkeit (Streikunterstützung); – die nachdenkliche Selbstkritik in bezug auf die geleistete Regierungsarbeit: das alles zeigt, die „konkrete Liebe" zu den Armen gibt nicht auf. Gefordert ist auch weiter: Solidarität.

*Quelle:*
Korrespondenz der Christen für den Sozialismus, Heft 4/1977

# UMKEHR ZUM LEBEN – WAS HEISST HEUTE „GOTT VERTRAUEN"?

## Die Erfahrung der „Abwesenheit Gottes"

Christen, die sich zusammenschließen, um für Gerechtigkeit, Frieden, Bewahrung der Schöpfung zu kämpfen, machen heute in unseren Breiten auf doppelte Weise die Erfahrung der „Abwesenheit Gottes". Erstens stehen wir in der befreienden Praxis, die wir versuchen, ja nicht allein; neben uns, mit uns zusammen, arbeiten andere Menschen, die den Glauben an Gott für ihre Praxis nicht brauchen. Sie brauchen ihn weder als Motivation – ihre Solidarität mit den Leidenden, ihr Entsetzen vor dem Verbrechen eines Atomkrieges reichen aus, noch brauchen sie ihn als Trost –, die Erfahrung der Solidarität ihrer Mitstreiter, das Wissen, an einer guten Sache zu stehen, reichen ihnen aus. Haben wir, sofern wir an Gott glauben, ihnen gegenüber wirklich etwas voraus? Hinken wir nicht eher hinter ihnen, unseren atheistischen Freunden, her, indem wir für ein Tun, das ihnen selbstverständlich ist, immer noch Gott benötigen?

Zweitens aber, und diese Anfechtung reicht tiefer: Wo ist denn unser Gott, angesichts der grauenvollen Frevel, die täglich in seiner Welt geschehen? Hungersnöte, Blutbäder, Folterhöllen, teils sogar in seinem Namen ausgerichtet, immer noch und schlimmer als je? Warum läßt er sie sich bieten? Man erzähle uns doch nicht, dies sei eine alte und theologisch längst geklärte Frage, die der Theodizee – als ob theoretische Klärungen das geringste zu tun hätten mit der Verzweiflung über die Bestialität des Geschehenden und des noch Geplanten. Der biblische Gott greift ein, „Roß und Reiter stürzt er ins Meer". Wir aber können nicht von allmächtigen Eingriffen erzählen, denn wir erleben sie nicht.

Dorothee Sölle schrieb einmal, sie könne nicht begreifen, wie man nach Auschwitz noch den Gott loben könne, der alles so herrlich regieret. Und kann man es nach Vietnam, während El Salvador, Nicaragua, Südafrika und Rumänien?

Eins freilich muß uns sehr hellhörig machen: Die Unterdrückten selbst, sofern sie Christen sind (Lateinamerika!), *glauben* an Gott.

Für sie, die mitten durch die schlimmsten Leiden gehen, ist er da. Bewegende Zeugnisse ihres Glaubens, ihrer Hoffnung, ihrer Leidensbereitschaft gelangen zu uns. Uns, die wir schuldlos/schuldig zu den Unterdrückern gehören, die wir in unserem Kampf auch gegen uns selbst uns wenden müssen – uns wird der Glaube an Gott zum Problem. Es gibt wohl objektive Glaubenshindernisse, die nichts mit theoretischen Schwierigkeiten zu tun haben, viel aber mit unserer realen Existenz. „Gott vertrauen" – wie kann das für uns, in unseren Breiten, heute möglich werden?

## Der „ohnmächtige Gott" und seine Erwartung an uns

Vielleicht haben wir, unmerklich und ungewollt, uns Gott zu sehr nach unserem Bilde vorgestellt. Wir setzen auf „power", auf Durchsetzung, auf „In-den-Griff-Kriegen", wie bezeichnenderweise eine neuere, rasch verbreitete Formulierung lautet. Die Gleichung „Gott=Macht" ist allerdings schon alt. Alle vorindustriellen Jahrhunderte, in denen die Menschen, der Naturmacht unterworfen, allenthalben auf der Erde Theisten waren, haben sich ihren Gott (ihre Götter) als mächtig vorgestellt. An deren Stelle trat in industrieller Zeit mehr und mehr der mächtige Mensch, der sich die Natur unterwarf – und die Götter nicht mehr brauchte. Was blieb, war der Glaube an die Macht.

In religionsgeschichtlichem Sinn gehört auch die Bibel in jene Zeit, in der alle theistisch dachten. Es war selbstverständlich, daß es Gott oder Götter gab. Mag jedoch theistisches Denken selbstverständlich gewesen sein: der *Glaube* war in der Bibel niemals selbstverständlich. Die Menschen, um deren Glauben die Propheten werben, die, denen Jesus zuruft: „Glaubt doch!", sind keine Atheisten. Sie sind vom Dasein Gottes überzeugt. Aber sie glauben nicht. Auch der Teufel ist, wie es im Jakobusbrief heißt, vom Dasein Gottes überzeugt, er ist Monotheist. Aber er glaubt nicht.

In unnachahmlicher Einfachheit macht Martin Luther im Großen Katechismus diesen Unterschied deutlich. In seiner berühmten Erklärung zum ersten Gebot fragt er dort: „Was heißt ‚einen Gott haben', oder was ist Gott?" Seine Antwort ist keine Definition Gottes an sich. Sie lautet: „Einen Gott haben, heißt etwas haben, worauf du dein Herz hängst und verläßt," worauf du also letzten Endes setzt, vertraust. „Allein das Trauen und Glauben des Herzens macht beide, Gott und Abgott, sagt Luther. Wenn er recht hat, dann heißt das für Theisten und Atheisten: Wir beten immer, es fragt sich nur, zu welchem Gott. Wir strecken uns aus nach dem, worauf wir uns verlassen, wir orientieren uns daran, wir gehorchen dem, was „unser Gott" ist. Alle tun das. Aber zu merken, welchen Gott man wirklich hat, ist das Problem.

Modern ausgedrückt: Wir stehen vor der Unterscheidung von Weltanschauung (Ideologie) und Glaube, von Theorie und Existenz. Und wir stellen fest: Der mächtige Gott, der eingreift oder eingreifen kann, von außen und von oben, war in biblischen Zeiten fester Bestandteil der Weltanschauung. Nur Toren und Wahnsinnige konnten sein Dasein bezweifeln. Warum werben dann aber die Propheten so vergeblich darum, an ihn zu glauben? Hätte es nicht ein Leichtes sein müssen und außerdem sehr angenehm, sich wie ein Kind auf diesen großen Vater zu verlassen? Oder hat diese schöne Gleichung eben auch damals schon nicht gestimmt?

Sprechen dafür vielleicht die Klagepsalmen, in denen vom Schweigen Gottes, vom Verlassensein von Gott die Rede ist? Vielleicht haben wir zu euphorisch, zu triumphalistisch die Bibel gelesen. In ihr wird viel geklagt. Das Seltsame aber, und allem theistischen Denkansatz diametral entgegengesetzt, ist dies: Der biblische Gott klagt auch!

Ich denke an dieser Stelle noch nicht an den menschgewordenen Gott, nicht an den Menschen Jesus, der leidet, weint und klagt, auch schon vor der Passion. Ich denke zunächst an die Klagelieder Jahves um sein Volk, das nicht auf ihn hören will. „Was habe ich nicht alles für dich getan, mein Volk", heißt es da bei Jesaja, bei Hosea: „Warum nur, warum willst du dich von mir wenden?" Dies ist nicht die Stimme der Allmacht. Dies ist die Stimme des werbenden Freundes, der verschmähten Liebe, des verlassenen, trauernden Geliebten.

Ist das der allmächtige Gott? Die theistische Gottesvorstellung vom mächtigen Herrscher ist bei den Propheten nicht einfach weg. Jederzeit könnte der Herr das treulose Volk vernichten, davon reden sie ja. Aber eines ist sicher: Gerade mit diesem Erweis seiner richtenden Macht hätte er sein eigentliches Ziel nicht erreicht. Was dieser Gott will, ist Vertrauen. Das aber läßt sich nicht erzwingen, auch durch Allmacht nicht. Erzwungenes Vertrauen ist keines. Und so ist die Drohung mit dem Gericht auch nichts anderes als der Ausdruck von Zorn und Schmerz verschmähter Liebe, letzter Versuch des Werbens, in Bitterkeit und Trauer.

Was wir hier vor Augen sehen, ist die spezifische *Ohnmacht* der Liebe. Sie kann nur werben, nur rufen, nur bitten, nur warnen; sie kann und sie will nicht: herrschen. In einem Gedicht von Fulbert Steffensky „An die da droben" heißt es: „Ihr habt uns verschwiegen, daß er Liebe ist, und daß Liebe Herrschaft zerbricht, und zuerst die eigene." Liebe und Herrschaft schließen sich aus.

In diesem Punkt steht der biblische Gott im äußersten Gegensatz zum Grundgesetz der heutigen Gesellschaften. Diese Gesellschaften sind auf Herrschaft gebaut. Vielleicht ist hier der Punkt, wo die Gemeinde dem Grundgesetz unserer heutigen Welt am deutlichsten widersprechen muß.

Was bedeutet die „Ohnmacht der Liebe"? Sie ist ja nicht Kraftlosigkeit. Paulus schreibt im ersten Korintherbrief von der Schwachheit Gottes, die stärker ist als die Kraft der Menschen. Und Dietrich Bonhoeffer schreibt einen Satz aus dem Gefängnis, der theologisch noch kaum bedacht ist, geschweige denn von der christlichen Gemeinde angeeignet: „Nur der ohnmächtige Gott – kann helfen." Wie lernen wir es, die Schwachheit Gottes, wenn sie als einziges uns wirklich helfen kann, theologisch zu denken?

## Die „Erwartung" der Schwachen

*Von der schöpferischen Kraft des Vertrauens*

Es gibt Erfahrungen, die uns hier weiterhelfen können, wenn wir auf sie achten. In einer höchst aktiven christlichen Gruppe, die fünf Jahre zusammengearbeitet und manches vorangebracht hat, trat (was niemanden wundern wird, der den Versuch gemeinsamer Praxis kennt) eines Tages eine so schwere Krise auf, daß es schon aussah, als ob wir aufhören müßten. Arbeitsüberlastung, gruppendynamische Prozesse... es schienen auf einmal nicht mehr genug Menschen dazusein, die dieses alles auf sich nehmen wollten. In dieser Lage sind wir gerettet worden durch ein paar Leute, die bis dahin ganz im Schatten der Gruppe gestanden hatten, nichts beizutragen schienen, aber immer zum Arbeitskreis gekommen waren, einfach weil sie sich da wohl fühlten, weil die Atmosphäre von Freiheit, Streit und Menschlichkeit ihnen Heimat gab. Sie traten jetzt, als die „Stars“ schon hinwerfen wollten, hervor und erhielten die Arbeit. Sie boten ihre Mithilfe an, sie wollten unbedingt, daß es weiterginge, und der Wärmestrom ihres Vertrauens, ihrer Erwartung, ihrer Liebe zu unserer Gemeinde war so groß, daß er andere ansteckte: die Krise wurde überwunden. Ich habe damals etwas verstanden von der Kraft der Schwachen. Sie liegt nicht in dem, was sie leisten, sie liegt in dem, was sie erwarten, erhoffen, unbedingt haben wollen. Sie liegt in dem Ruf, den sie darstellen. Das Vertrauen der Schwachen ist kostbar, es heilt, es befreit, es hat schöpferische Kraft.

Könnte es so sein, daß alle menschlichen Gruppen und Gesellschaften, die auf Herrschaft gebaut sind, zugrundegehen müssen, weil sie dem Willen des Schöpfers nicht entsprechen? Und könnte es sein, daß auch unsere linkschristlichen Gruppen und Gemeinden nur allzuoft dem Abgott des Leistungsprinzips dienen? Sicher, wir haben verstanden, daß wir aktiv sein müssen, daß wir gar nicht genug tun können beim heutigen Zustand der Welt. Aber wo das, was wir leisten, die Hauptsache wird, da entsteht wieder Herrschaft, Herrschaft der Tüchtigen. Und damit ist die Krise vorprogrammiert. Der Wärmestrom erwartungsvoller Liebe versiegt, der allein eine Gruppe erhält.

Die Erfahrung der „Kraft der Schwachen“ hat mich darin bestärkt, neu nach Gott zu fragen. Liegt die schöpferische Kraft Gottes dem Menschen gegenüber vielleicht gar nicht in dem, was er über uns verfügt, sondern in dem, was er vertrauensvoll von uns erbittet? Beharrlich, dringlich, wie ein Liebender? Und wo machen wir diese Erfahrung?

Hier ist vom einzelnen zu reden. Wir kommen aus Tiefen, die wir selbst nicht kennen, auch nicht durch unser „Tun“ erreichen können – die aber selbst hinter allem, was wir tun, stehen. Zerstörend, wenn das, was wir tun, Lüge enthält; stärkend, strömend, tröstend, wenn es der Wahrheit unserer Tiefe entspricht. Luther unterscheidet „Herz“ und „Werk“; genauer noch spricht er von „des Herzens Grund“.

Hier gilt kein *Image*, wie es in der Welt um uns herum gilt, wo es oft nur darauf ankommt, welchen Eindruck man macht, nicht aber, wer wir wirklich sind. Entziehen wir uns diesem Selbstbetrug, versuchen wir, wie wir es als Christen sollen, uns selbst und unser Wirken zu bedenken – in der Meditation, im Gebet –, dann lernen wir: Die Wahrheit setzt sich von innen heraus in uns selber durch; wir können nicht verfügen. Die sanfte, sichere und unerbittliche Stimme der Wahrheit, unserer Wahrheit, bringt sich unser Leben hindurch zur Geltung, will mehr Befreiung, mehr Mut, für uns. Des Herzens Grund antwortet dem Evangelium.

## Gottes Vertrauen schafft unser Vertrauen

Hier ruft Gott, hier ist unser Schöpfer am Werk. Er setzt auf den Menschen, er vertraut uns, der Unnachgiebigkeit seines Rufes verdanken wir uns selbst.

Es handelt sich bei dieser Erfahrung nicht um eine innerseelische Idylle, abgetrennt von der profanen Welt um uns herum, nicht um „neuen Romantizismus“. Vielmehr erwächst ja unsere Begegnung mit der Wahrheit unserer selbst gerade aus dem Leben, der Arbeit und unserer Militanz in der profanen Welt.

Es ist schwer, in der Herrschaftstradition, aus der wir kommen, von diesen wichtigsten Zusammenhängen richtig reden zu lernen. Werden wir nicht sofort wieder mißverstehen im Sinne der Selbstaggression? Werden wir nicht sofort wieder denken, wir müßten uns eben ein „reines Herz“ besorgen, unsere heimlichen bösen Motive aufspüren und bekämpfen, wir müßten eben „heiliger“ sein, als wir es sind?

Die Kirchen, aus denen wir kommen, reden zwar von Gnade, lehren aber weitgehend mehr Selbstentlarvung und Selbstaggression. „Wir selbst“ sind etwas, das zu bekämpfen, zu unterdrücken und zu beherrschen ist. Wir sollen uns nicht so wichtig nehmen;

unseren Hunger nach Liebe, nach Wahrheit, nach nicht-entfremdeter Arbeit, den Hunger danach, Gerechtigkeit zu erleben und nicht nur Macht, den Hunger nach einer brüderlich-schwesterlichen Gesellschaft, in der wir gebraucht werden, aber auch selbst wichtig sind.

Frühzeitig genug wird dieser Hunger den Kindern schon ausgetrieben, vielmehr: tief in sie hineingetrieben, verdrängt und eingesperrt, so daß sie lernen, ihn zu überspielen und zu vergessen. So kommt die tiefste Lüge in unser Leben.

Die verbale Botschaft heißt: „Gnade." Die reale Wirkung in der Welt, und damit die nichtverbale Botschaft, heißt aber: „Disziplinierung." Und wie immer ist die nichtverbale Botschaft die stärkere: Sie kommt an. Sie verpflichtet die Christen, deren tiefste Wahrheit der Schrei nach nicht-entfremdetem Leben ist, zur Harmonie mit der entfremdeten Gesellschaft.

Gerade weil die verbale Botschaft, die Idee der Gnade, bleibt, fest installiert im religiösen Überbau einer Gesellschaft, soweit die Kirchen in ihr Einfluß haben, ist so schwer zu erkennen, daß nur die Zustimmung zu dieser Idee von uns erwartet wird, aber nicht der Versuch, sie ernstzunehmen und deshalb auch den Kampf um eine Änderung der Gesellschaft auf uns zu nehmen, damit die Gnade einen Leib bekomme. Auf diese Weise wird das Salz um seine Kraft gebracht: Die Idee des Salzes salzt nicht.

Wenn ich die Erfahrung, daß Gesellschaft und Kirche die Kräfte, die der Erneuerung dienen könnten, in Selbstaggression umleiten, theologisch richtig interpretiere, dann ändert sich auch das Verständnis der Sünde. „Sünde" des einzelnen liegt zuerst und zutiefst gerade nicht in dem, was wir tun, auch nicht in den Motiven unseres Tuns; sondern sie liegt in unserer Bereitschaft, uns das Wichtigste ausreden zu lassen, sie liegt darin, daß wir zu wenig erwarten. Dem Gott, der unser Vertrauen „erwartet", entspricht der Mensch, der die Erfüllung seines Lebens „erwartet". Sünde besteht dann darin, daß wir nicht insistieren auf dem Hunger nach Nicht-Entfremdung; daß wir resignieren und dann religiöse Surrogate annehmen, etwa die nicht-inkarnierte Idee der Gnade. Gott insistiert. Man kann sich nicht vorstellen, was sonst aus der Menschheit würde. Wir selbst sind schneller bereit, unsererseits das Vertrauen zum Menschen aufzugeben, nur noch zu denen zu reden, die ohnehin schon unserer Meinung sind, die Mächtigen für zu böse oder zu betriebsblind zu halten, die desinformierten Massen für hoffnungslos gleichgültig. Wir wollen raschere Erfolge sehen, wir wollen nicht „ohnmächtig“ sein. Immer aufs neue müssen wir uns hiervon bekehren, um zu werden, was wir sind: Mitglieder der Widerstandsbewegung des ohnmächtigen Gottes.

*Quelle:*
Junge Kirche 44. Jg., Heft 4/1983

## „SICHERHEIT" UND „GEWISSHEIT"

### Zur Situation

Schwerlich wird der Zeitungsleser derzeit eine ganz normale Tageszeitung aus der Hand legen können, ohne in ihr dem derzeit höchsten Wert der Gesellschaft begegnet zu sein: dem Wert der „Sicherheit" nämlich. Schwerlich wird der Fernsehzuschauer auch nur eine kommerzielle Werbesendung verfolgen können, ohne eben diesem Wert aufs neue verpflichtet worden zu sein. Keine der altgewordenen politischen Parteien kommt in Wahlkämpfen ohne ihn aus, sei es, daß sie ihn solo gebraucht, sei es, daß er in neuen Zusammensetzungen wie „Sicherheitspartnerschaft" begegnet. Ja, auch im alltäglichen Leben, seinem wichtigsten Sektor zumal, dem geschäftlichen nämlich, spielt er eine zentrale Rolle: Wer keine „Sicherheiten" bieten kann (wie Arbeitslose, Asylbewerber, geschiedene Hausfrauen oder andere Angehörige des marginalisierten Drittels der Gesellschaft), der bekommt keinen Kredit – und damit keine Chance, sich eine bessere Zukunft aufzubauen.

Die grundlegende Bedeutung solcher „Sicherheiten" erscheint uns so selbstverständlich, daß wir uns die Augen reiben, wenn wir von einer Weise des Wirtschaftens lesen, die nicht auf diese, sondern auf Vertrauen aufgebaut ist:

Im 13. Arrondissement von Paris haben Asylanten, 25000 Indochinaflüchtlinge chinesischer Herkunft, „eine Stadt in der Stadt mit blühendem Wirtschaftsleben"[95] geschaffen. Die Frankfurter Rundschau berichtet dazu: „Geholfen hat den Flüchtlingen bei ihrem wirtschaftlichen Aufstieg auch ein uraltes chinesisches Finanzierungssystem: die Tontine. Eine Mischung aus Ratenkredit und Zinspoker, bei dem kein Teilnehmer vom anderen weiß, ob er Geld leihen oder verleihen will. Der Vorteil: Das Geld ist schnell und unbürokratisch verfügbar, und der Kreditnehmer hat jederzeit wieder die Chance, als Kreditgeber zu fungieren und seine Zinsen – bis zu 50 Prozent – zurückzugewinnen.

Das System funktioniert ohne Schuldscheine und Darlehensverträge. Grundlage ist das unbedingte Vertrauen der Teilnehmer (das können bis zu 30 Personen sein) zueinander. Wer dieses Vertrauen mißbraucht, für den gibt es kein Pardon... Der wird aus der chinesischen Gemeinschaft ausgeschlossen. Und das auf der ganzen Welt. Das Kommunikationssystem der Asiaten funktioniert schnell und zuverlässig.

Nur dank der Tontine konnte auch M. Quach seine Fahrschule eröffnen, da französische Banken einem mittellosen Flüchtling wie ihm keinen Kredit geben wollten. 1977 in Frankreich angekommen, arbeitete er zunächst als ungelernter Arbeiter in einer Fabrik. Doch schon nach wenigen Monaten hatte er eine Marktlücke entdeckt: In ganz Paris gab es keine Fahrschule speziell für Chinesen. Obwohl er seine Fahrlehrerprüfung erfolgreich absolvierte, fand er kein Geldinstitut, das sein Vorhaben finanzieren wollte. Mit fünfzehn Freunden organisierte er eine Tontine – wenige Monate später hatte er das nötige Geld zusammen."

Ein entscheidendes Stichwort ist in diesem Report gefallen: Das Stichwort „Gemeinschaft" nämlich. Ein System, das auf Vertrauen statt auf Sicherheitsleistung beruht, setzt offenbar eine funktionierende Gemeinschaft voraus, die in unserem System zu fehlen scheint. Wir werden darauf zurückzukommen haben. Fassen wir zunächst, in groben Umrissen wenigstens, die wichtigsten Bereiche ins Auge, für die uns heute „Sicherheit" als höchster Wert mit solchem Nachdruck einzuprägen gesucht wird. Da ist einmal der Bereich der Außen- und Militärpolitik: Um einem angenommenen Angriffswillen des angenommenen Feindes zu begegnen, „Sicherheit" also zu bewahren, werden Waffen angehäuft, die zum zwölffachen Overkill ausreichen, die Finanzkraft der Nationen gigantisch zu überfordern beginnen, den angenommenen Feind zwingen, seinerseits aufzurüsten - und insgesamt die Existenzbedrohung der Nationen, und also das gerade Gegenteil von Sicherheit, immens erhöhen. Der wahnhafte Charakter dieses Tuns ist oft, gerade auch von besorgten US-amerikanischen Politikern und Militärs, dargestellt worden – selbst von einem hohen Vertreter der US-amerikanischen Rüstungsindustrie, der die vollständige Vernichtung aller Atomwaffen fordert und einen genauen Vorschlag dafür offeriert.[96] Die Verpflichtung auf den Wert „Sicherheit" schafft im außen- und militärpolitischen Bereich gerade Unsicherheit. Das erweist den realitätsfernen, mithin ideologischen Charakter dieses Begriffs.

Im innenpolitischen Bereich sieht es, so scheint mir, kaum besser aus. „Sicherheit" soll hier vor allem, wie anläßlich immer neuer Gesetzesvorhaben betont wird, Schutz vor Terrorakten zum Inhalt haben – einen Schutz aber, der zu einer immer engmaschigeren Kontrolle und Überwachung der gesamten Bevölkerung führt und in vergleichbaren westlichen Staaten seinesgleichen (vergeblich) sucht.[97] Man fühlt sich erinnert an die Überwachung, die überängstliche Eltern ihren Kindern antun, indem sie sie am liebsten keinen Schritt ohne Kontrolle tun lassen. Selbständige Menschen wachsen so nicht heran; demokratisch gesonnene Menschen können in einem Land mit so engmaschiger Kontrolle sicherlich ebenfalls schlecht gedeihen.

Und was den Bereich der Werbung betrifft: Unterschwellig wird eine Lebensauffassung vermittelt, nach welcher es vor allem gilt, jede Unannehmlichkeit, jedes Risiko und jede kritische Situation von Menschen fernzuhalten – vom Babyhöschen bis zur Allianz-Versicherung. Der Begriff der Sicherheit dominiert inzwischen (zusammen mit allem, was süß, mollig, weich und angenehm ist) gegenüber der „porentiefen Reinheit", die zwar auch noch als Idealbild vorkommt, aber quantitativ zurückgetreten ist. Beschützer braucht der Mensch, damit ihm nichts passiert, und die müssen stark und zuverlässig sein; selbst an Waschmitteln werden inzwischen diese beiden Eigenschaften vor allem gepriesen.

Das bedeutet aber: Wo früher die Strenge des Reinheit fordernden Überich als werbewirksam ansprechbar im Vordergrund stand, ist es jetzt der Appell an Geborgenheitsbedürfnisse. „Sicherheit" kommt von außen und von oben, die mächtigen Helfer sind ja bereit...

Psychologisch gesehen ist dies nichts anderes als eine Infantilisierung, ein Hinwirken darauf, daß der Mensch sich selbst wie ein schutzbedürftiger Säugling (wo nicht wohlgeschützter Embryo) empfinde. Das heißt aber, daß die Sicherheitsideologie eine ähnliche Funktion übernimmt, wie sie noch vor zwei Generationen die (ihrem Wesen entfremdete) christliche Religion innehatte:[98] Sie weckt oder verstärkt Ängste, verhindert oder erschwert die eigene Realitätsbeurteilung und -verarbeitung, schafft Abhängigkeiten – steht dem Wesen demokratischer „Mündigkeit" entgegen. Der „Große Bruder" (Orwell) tritt die Herrschaft an. Nimmt man hinzu, welche Bedeutung die Ideologie der „Nationalen Sicherheit" in den faschistischen Diktaturen der Dritten Welt angenommen hat, wo sie als Grundlage willkürlicher Verhaftungen, der Folter und des Verschwindenlassens von Angehörigen der Opposition dient, dann tritt die Affinität des gesamten Denkansatzes mit erschreckender Klarheit hervor: Wo Sicherheit das höchste Gut ist, geht Freiheit verloren, gleichgültig in welchem System.

## Theologische Reflexion

Es gehört zu den Denkfiguren protestantischer Tradition, „Sicherheit" (securitas) und „Gewißheit" (certitudo) einander gegenüberzustellen. Dabei ist „Gewißheit" (certitudo) rundum positiv besetzt: Gewißheit als Glaubensgewißheit gehört so sehr zum lutherisch verstandenen Glauben, daß sie geradezu mit ihm identisch ist. „Der heilige Geist ist ein solcher Lehrer, der gewiß ist, gewiß macht und nicht so weben und schweben läßt", schreibt Luther[99]; und K. N. Micskey formuliert:[100] „Diese Ineinssetzung von Glaube und Heilsgewißheit war nicht allein die Grunderkenntnis, sondern auch die Grundentscheidung und die elementare Tat der Reformation." Legt sich modernem, psychologisch oder ideologiekritisch ansetzenden Denken dabei der Verdacht nahe, es handle sich um einen Akt des Voluntarismus, willkürlicher Selbstfestlegung (vielleicht um der Absurdität des Seins und der Unerkennbarkeit des letzten Grundes der Welt zu entgehen), so ist der Denkansatz Luthers ein ganz anderer: Nicht der Mensch entschließt sich von sich aus zu glauben, sondern das „Wort" begegnet ihm und bringt die Gewißheit mit sich. In der Situation der Anfechtung, in der der Mensch dem Glauben zu entgleiten droht (und von der Luther ja immer wieder gehandelt hat), nützt deshalb auch kein Glaubensentschluß; was der Mensch stattdessen braucht, ist die erneute Begegnung mit dem „Wort": in der mutua consolatio fratrum/sororum (dem „wechselseitigen Trost der Geschwister"), im Sich-vor-Augen-Halten des verbum visibile: „Ich bin getauft". Bis der Glaube zum Durchbruch kommt…

Es handelt sich mithin bei der „Gewißheit“ nicht um eine Leistung des Menschen, auch nicht um eine ihm eigene psychische Disposition, in keiner Weise um so etwas wie einen Besitz. Der Christ bleibt angewiesen auf das Wort, muß immer wieder von ihm erreicht werden; es geht um ein Sich-Öffnen, das nicht leistbar ist, sondern immer wieder geschenkt.

Es geht in dem allen um den Kern der Personalität. Man fühlt sich erinnert an den Satz des Hebräerbriefes: „Es ist ein köstlich Ding, daß das Herz fest werde, welches geschieht durch Gnade.“[101]

Mit dem Wort „Sicherheit“ (securitas) steht es bei Luther anders; es wird in zweierlei Sinn gebraucht. Der eine ist der certitudo sehr verwandt, so wenn es heißt, daß die Gnade „fröhliche, sichere... Gewissen“ macht[102] oder wenn Luther fragt: „Was kann höhere und größere Freude sein als ein fröhlich, sicher, mutig Gewissen, das sich auf Gott verläßt und weder Welt noch Teufel fürchtet?“[103] Schon der Zusammenhang des Sicher-Seins mit „sich auf Gott verlassen“, mit Vertrauen also, zeigt, daß es um die personale Mitte des Menschen geht.

Daneben aber, und sehr häufig, verwendet Luther das Wort „Sicherheit“ in ganz anderem Sinn. Da heißt es: „Der Christenstand ist nicht ein müßiger Stand noch ein Stand des Friedens und der Sicherheit, sondern es gilt, stets zu Felde zu liegen...“[104] oder „Wir dürfen uns nicht sicher dünken bei uns selbst, auch dann nicht, wenn wir das Wort haben.“[105] Von den „Heuchlern“ heißt es: Es gibt „keine größere Sicherheit und Mut, als wenn ihnen alles nach Wunsch gehet; alsdann unterstehen sie sich alles, sogar mit Gott zu streiten“[106], und von den „Gottlosen“: sie „spannen den Bogen allzu hoch, das heißt, sie sind sicher und ahnen nicht, daß ihnen eine Gefahr bevorsteht.“[107] Sicherheit und Vermessenheit werden gleichgesetzt bei den Theologen, die sich einbilden, sie wüßten schon um den Unterschied von Gesetz und Evangelium[108]; das Streben nach Sicherheit ist die Wurzel der Werkgerechtigkeit.

Sicherheit in diesem zweiten Sinn ist also ein Sich-verlassen-Wollen auf einen erreichten Stand, sei es in der Frömmigkeit, sei es im Wissen. Es ist ein Sich-Verlassen auf einen Besitz. Nicht der Mensch selbst, sein Bedürftig- und Beschenkt-Sein, sondern das, was er vorzuweisen hat, steht hier im Zentrum.

In der Sprache Erich Fromms ließe sich sagen, daß „Sicherheit“ und „Gewißheit“ sich unterscheiden wie Haben und Sein.

Darin liegt ein weiteres, theologisch wie politisch bedeutsames Moment: Sicherheit macht – scheinbar – autark. Man braucht keinen anderen, sichert sich ab durch Leistung und Besitz, ist auf niemandes Hilfe und Zuwendung angewiesen, vielmehr gegenüber jedem Risiko „abgesichert“ – wobei die Präposition „ab-“ das gleichzeitige „Abgetrenntsein“ deutlich macht. Beides verbindet sich im Bild der neutestamentlichen Pharisäer: Sicherheit durch Werke, Trennung von den „Sündern“ (die schon in ihrem, ihnen wohl von Gegnern beigelegten Namen zum Ausdruck kommt), klassisch dargestellt im Gleichnis vom Pharisäer und Zöllner.[109]

„Gewißheit“ dagegen, die den Menschen von innen heraus „sicher“ macht, entspringt gerade einer Beziehung. Sie schließt nicht ab, trennt nicht, sondern ist geradezu identisch mit dem Sich-Öffnen für den Trost des Evangeliums, den man sich nicht selber sagen, sondern den man nur empfangen kann. Und sie bringt das Offen-Werden für den Nächsten mit sich. Kierkegaards Wort: „Der Mensch ist ein Verhältnis“ verweist darauf, daß Autark-sein-Wollen das Wesen des Menschen verfehlt.

„Sicherheit“ ist mithin das Gegenteil einer Existenz in Vertrauen und Gemeinschaft – es sei denn die Pseudogemeinschaft derer, die sich zur Wahrung ihres (religiösen oder profanen) Besitzstandes zusammenschließen und die übrigen ausschließen.[110] Es ist eine Pseudogemeinschaft, weil sie nur solange besteht, wie der jeweils andere den legitimierenden „Besitz“ vorzuweisen hat; Haben ist unabdingbar gefordert. Letzten Endes schafft Sicherheitsverlangen den Single, den, der nicht zur Verfügung steht.

Es ist interessant, sich in diesem Zusammenhang an Gabriel Marcel zu erinnern, der in „Sein und Haben“ 1931 von der „wachsenden Unverfügbarkeit der ganzen modernen Welt“ schrieb.[111] Verfügbar (disponible) sein, bedeutet bei ihm: offen sein, hören können, lieben können, Hoffnung haben. „Unverfügbar sein heißt, mit sich selbst beschäftigt sein“, aus einer „wesenhaft ziellosen Unruhe“ heraus[112] – die certitudo fehlt.

Immer wieder ist in der Geschichte des Christentums der Zusammenhang von Haben und Unruhe, Haben und Sicherheitsverlangen, Haben und Abtrennung bedacht worden; ich verweise noch auf zwei Beispiele: Das eine ist das bekannt gewordene Wort des Franziskus: „Wer Eigentum hat, braucht auch Waffen, um es zu verteidigen", das andere eines der meditativen Gedichte Helder Camaras:

„Ich liebe die nutzlosen Schlüssel
zu Schlössern, die nicht existieren
oder nicht mehr funktionieren
oder nicht mehr zu funktionieren brauchen.

Es beunruhigen mich die nutzlichen Schlüssel,
die öffnen und schließen,
die Grenzen bestimmen,
die das Eigentum garantieren
die Ausschließungen versinnbilden."[113]

## Pädagogisch-psychologische Überlegungen

Wie können wir angesichts der Durchdringung aller Lebensbereiche mit dem süßen Gift des „Sicherheits"-Verlangens den Ernst und Mut der Nachfolge, die zum Glauben nun einmal gehört, und die Verheißung einer ganz anderen Geborgenheit, der certitudo nämlich, überhaupt verständlich machen? Ich schlage vor, die psychoanalytische Theorie der Entwicklung des Ich zu Hilfe zu nehmen. Was der Entfaltung der Selbständigkeit des jungen Menschen dient, der Einübung in eigene Realitätsbeurteilung und selbstverantwortetes Handeln, aber auch in verantwortliche Kooperation mit anderen, das wird als „Gegengift" dienen können gegen jene Infantilisierung, von der ich sprach.

Betrachtet man die acht Phasen der Ich-Entwicklung[114] nach Erikson unter unserer Fragestellung, so ergibt sich zunächst, daß die Sicherung von außen nur in der allerfrühesten Zeit, im Embryonal- und frühen Säuglingsstadium nämlich, alleinige Lebensgrundlage ist. Schon in der zweiten Phase, also etwa ab der zweiten Hälfte des ersten Lebensjahres, beginnt die Entwicklung der Autonomie. „Laß mich, ich kann das allein!" ist einer der frühen Proteste gegen allzuviel Protektion „von oben".

Dabei möchte ich auf zwei wichtige Voraussetzungen einer gesunden Entwicklung aufmerksam machen, die dem „sicherheits"-besessenen Erwachsenen leicht entgehen. Erstens bedeutet „gesunde Entwicklung" keineswegs, daß sie ohne Krisen verliefe. Wie schon der Titel des Eriksonschen Gutachtens[115] zeigt, wird jede neue Entwicklungsstufe durch eine Krise eingeleitet; sie gehört dazu, löst den nächsten Schritt geradezu aus. Der „Wachstumsplan"[116] sieht vor, daß Risiken erfahren und bestanden werden. Von der wichtigsten Krise in der Entwicklung, der der Pubertät, soll noch die Rede sein; ohne daß sie gelebt und bestanden wird, bildet sich keine selbständige erwachsene Persönlichkeit heraus. Daher sollten Leute, die Herausforderungen und Beunruhigungen nicht ertragen, den Erzieherberuf besser meiden; sie taugen schlecht zu Partnern junger Menschen, die auf der Suche nach sich selbst allerdings in Gefahren geraten, ja sie suchen.

Zweitens aber: Die gesamte Entwicklung des Ich, von der ersten Phase an, setzt B e z i e h u n g voraus. Autonomie ist nicht Autarkie in dem oben beschriebenen Sinn. Wenn nicht bereits der Säugling „Urvertrauen" aufbauen kann, weil eine verläßliche Bezugsperson da ist, die sich seiner annimmt; wenn das Kind in den folgenden Phasen kein Interesse an seiner Person, keine Zuwendung und emotionale Wärme erfährt, wird die Entwicklung von Autonomie, Initiative und Leistungsfreude behindert. „Gewißheit" also, durch vertrauenstiftende und ermutigende Beziehung, ist geradezu die Voraussetzung seelischen Wachstums.

Die Analogien zwischen zentralen christlichen (vor allem evangelischen) Glaubensaussagen und den Erkenntnissen der Entwicklungspsychologie sind immer wieder frappierend. Es wäre zu wünschen, daß sie von einer an Religionspädagogik interessierten Systematischen Theologie sehr genau aufgearbeitet würden.

Kommen wir nunmehr auf die Erschütterungen der Pubertätsjahre zu sprechen, die Erikson mit den Termini „Identitätskrise" und „Rollenkonfusion" beschreibt. Die Verunsicherung, die gerade auch das gesund herangewachsene Kind in dieser Zeit erfährt, rührt daher, daß das Ich inzwischen genügend erstarkt ist, um sich von den verinnerlichten Normen seiner Erzieher auch lösen zu können – für das eigene Empfinden des Jugendlichen vielleicht prinzipiell und total, in Wirklichkeit immer nur partiell. Die Krise geht so tief, weil sie eben auch eine Vertrauenskrise ist. Indem die Geltung jener Normen in Frage gestellt wird, werden notwendigerweise zugleich die Glaubwürdigkeit, die Motive der Bezugspersonen „hinterfragt", wird erwogen, inwieweit sie vielleicht selbst Opfer von Traditionsfixierungen sind, und ob ihr gutgemeintes Wirken vielleicht schlicht „affirmativ" gegenüber dem vorhandenen System – und damit für die Suche nach der eigenen Identität des Jugendlichen ein gefährliches Hindernis sein könnte. Trotz, Aufbegehren, Unverschämtheit im Verhalten haben hier ihre Wurzel. Die dahinter verborgenen Selbstzweifel, die bis zu Depressivität und Suicid gehen können, sieht man von außen oft nicht. Wird die Krise aber gut durchstanden, so bringt sie unschätzbaren Gewinn.

Zunächst wird man sich klar machen müssen, daß in dieser so problem-geladenen Entwicklungsphase des Menschen alle Hoffnungen auf Fortschritte in der Menschheitsentwicklung begründet liegen. Bliebe der Mensch an die Normen und Werte der vorhergehenden Generationen ebenso gebunden wie Tiere an ihre Instinktlenkung, könnte keine Zukunftsaufgabe angefaßt, nichts vorwärtsbewegt werden. Die unvermeidlichen Auseinandersetzungen der Pubertätsjahre sind so von hohem Wert nicht nur für den einzelnen Jugendlichen selbst, sondern geradezu für die Gattung. Für den einzelnen selbst steht am Ende einer vielleicht stürmisch, aber nicht katastrophisch durchlaufenen Pubertät die Herausbildung eines eigenen Profils, die Gewinnung seiner „Identität". Sicher ist diese erst in Umrissen sichtbar, und selbstverständlich bedeutet sie nicht den Abschluß der Entwicklung des Ich. Im Gegenteil führen spätere Krisen in gewissem Sinn wieder in eine pubertätsähnliche Situation, die aber, nachdem die eigentliche Pubertät gelebt werden konnte, im Rückgriff auf die dabei gemachten Erfahrungen bestanden werden kann (ein Vorgang, der meist unbewußt verläuft).

Was aber heißt nun „seine Pubertät gut durchstehen" oder „seine Pubertät leben können"? Die traditionelle Reaktion der Erziehung auf die Kämpfe der Pubertät war die, den jungen Menschen unter Druck zu setzen und den Versuch zu machen, ihn unter die Normen zurückzuzwingen, gegen die er sich auflehnte. Der religiöskirchliche Mißbrauch der Schuldgefühle, die mit den Ablösungsbemühungen notwendig verbunden sind, kann in den Folgen, die er für ganze Generationen gehabt hat, wohl kaum überschätzt werden. Wo zumal die sexuelle Reifung, die die physisch-psychische Grundlage der Phase ausmacht, mit dem Odium des „Sündhaften" belegt wurde[117], konnte es nicht ausbleiben, daß das ohnedies labile Selbstwertgefühl des Jugendlichen zusätzlich verletzt, schädliche Fixierungen oder Regressionen begünstigt und das Erwachsenwerden schlicht behindert wurde.[118] Heute droht der religiöse Mißbrauch der Pubertätsjahre eher von religiösen oder politischen Führern, die sich als Ersatz des Überich anbieten und Erlösung von all den inneren Kämpfen versprechen, wenn man sich ihnen unterwirft.

Stattdessen müssen Erwachsene verläßliche Ansprechpartner der jungen Menschen sein. Sie haben nicht das Recht, die Jugendlichen zu beherrschen, ebensowenig aber das nur scheinbar entgegengesetzte, sie „links liegen zu lassen". Sie müssen Ansprechpartner sein, fähig, die eigene Meinung in Frage stellen zu lassen, aber auch fähig, selbst etwas einzubringen. Das setzt persönliche Klärung voraus - und Freude nicht nur am (oft versteckten!) Ernst der Jugend, sondern auch am eigenen Weiterlernen. Wie anders soll der „Trost des Evangeliums", von dem Luther sprach, den Jugendlichen erreichen als durch die Erfahrung verläßlicher Zuwendung derer, die diesen Trost verständlich machen wollen?

Verläßlichkeit ist, so scheint mir, heute die Außenseite des Glaubens. Sie schafft Vertrauen und ermöglicht so Schritte in Richtung auf Identität. Identität im Sinne Eriksons aber dürfte die psychologische Entsprechung zur certitudo sein.

Eigene Lernfähigkeit zu bewahren, weiter zu entwickeln, bewahrt vor der Stagnation, die laut Erikson gerade den arrivierten, den „abgesicherten" Erwachsenen bedroht.[119] Es stellt sich die Aufgabe, das ureigenste Material der Religion neu zu verstehen. Denn es gehört keineswegs zur selbstverständlichen Tradition des Protestantismus und seines Bibelverständnisses, daß es gelte, dem jungen Menschen zur inneren Selbständigkeit zu verhelfen. Zwar ist das eine der Leitlinien biblischen Denkens in bezug auf den Glauben; gerade n i c h t die hergebrachte Norm, sondern der neue Weg, auf den der Mensch gerufen wird, gerade die offene Zukunft kennzeichnet ihn. In der Tradition unserer Kirchen aber wurden die Prioritäten zumeist sehr anders gesetzt, im Sinn einer Unterwerfung unter geltende Prinzipien, damit man „rechtgläubig" sei. „Sicherheit“ durch Unauffälligkeit, eine weitere Spielart der Verehrung immer desselben Götzen!

Fassen wir zusammen: „Sicherheit“ will den Menschen von außen her vor Leiden und Risiko schützen, wie mit einem Panzer umgeben, bestehe dieser nun aus Raketen, aus Eigentum, aus aufgetürmten „guten Werken“ oder aus Rechtgläubigkeit.

„Gewißheit“ lebt innen, als Identität der Person. Zwar k o m m t sie von außen, aber als Anrede an den Menschen als Person, der er selbst sich erschließt und antwortet. Sie schützt ihn nicht vor Unglück, auch nicht vor Krisen; aber sie hält sein Innerstes lebendig, mit Luthers Worten: sein „Herz“.

Nur in dieser, nicht im Abgesichertsein, kündigt das Heil des Menschen sich an.

*Quelle:*
Festschrift für Jürgen Redhardt,
Hg. B. Jendorff/ G. Schmalenberg, Gießen 1986

## KÖNNEN MENSCHEN FRIEDEN SCHAFFEN?

**Ringvorlesung Köln 1987, unveröffentlicht**

*Was sagt unsere Tradition?*

Diese Vorlesung beschäftigt sich in ihrem ersten Teil mit einigen Aspekten der Frage, in welcher Weise religiöse Überlieferungen und theologische Konstruktionen das politische Verhalten der Menschen beeinflußt haben, und zwar hier bei uns in der Vorgeschichte vor allem des protestantischen Deutschland. Es gibt ja Kirchen, in denen das Verhältnis von Religion und Politik ganz anders ist als hierzulande, gerade auch in bezug auf Frieden. Ich erinnere an die drei sogenannten „historischen Friedenskirchen“ in den USA, von denen die Quäker bei uns am bekanntesten sind; sie haben die Pflicht des Christen, für den Frieden Zeugnis zu geben und die Mitarbeit an Kriegen in jeglicher Form zu verweigern, so fest in ihrem Programm verankert, daß der Staat darauf Rücksicht nehmen muß und die Angehörigen dieser Kirchen zur Zeit des Vietnamkrieges von der allgemeinen Wehrpflicht befreit hat.

Wir hier kommen aus einer ganz anderen Tradition. Von den 450 Jahren seit der Reformation lag während der längsten Zeit, nämlich bis 1918, die politische und die kirchliche Herrschaft in ein und derselben Hand, der der Fürsten. Noch der letzte Kaiser war als König von Preußen Bischof der evangelischen Kirche in Preußen. Da das Interesse insbesondere der preußischen Herrscher an Machterweiterung durch Kriege ebenso groß war wie das Interesse der Rüstungsindustrie an Profitsteigerungen durch Kriege (Krupp hat in den vier Jahren des ersten Weltkrieges den 800fachen Gewinn gehabt gegenüber den vier Jahren vorher!), konnte die evangelische Landeskirche leicht zu einem Instrument gemacht werden, mit dessen Hilfe Kriegsbereitschaft und Kriegsbegeisterung in der Bevölkerung geweckt und gefördert wurden. In welchem Ausmaß das geschehen ist, dafür will ich zwei Beispiele geben. Das eine ist ein Kirchenlied, das in der offiziellen „Agende für Kriegszeiten“ (eine Agende ist eine Gottesdienstordnung) enthalten ist, die im August 1914 erschien:

Nun laßt die Glocken von Turm zu Turm
Durchs Land frohlocken im Jubelsturm!
Des Flammenstoßes Geleucht facht an!
Der Herr hat Großes an uns getan:
Ehre sei Gott in der Höhe!

Es zog vom Westen der Unhold aus
Sein Reich zu festen in Blut und Graus;
Mit allen Mächten der Höll' im Bund
Die Welt zu knechten, das schwur sein Mund.
Furchtbar dräute der Erbfeind.

Vom Rhein gefahren kam fromm und stark
Mit Deutschlands Scharen der Held der Mark;
Die Banner flogen, und über ihm
In Wolken zogen die Cherubim,
Ehre sei Gott in der Höhe!

Da hub die Wage des Weltgerichts
Am letzten Tage der Herr des Lichts
Und warf den Drachen vom güldnen Stuhl
Mit Donnerkrachen hinab zum Pfuhl,
Ehre sei Gott in der Höhe!

Nun bebt vor Gottes und Deutschlands Schwert
Die Stadt des Spottes, der Blutschuld Herd;
Ihr Blendwerk lodert, wie schnell! zu Staub,
Und heimgefordert wird all ihr Raub.
Nimmermehr dräut uns der Erbfeind!

Drum laßt die Glocken von Turm zum Turm
Durchs Land frohlocken im Jubelsturm!
Des Flammenstoßes Geleucht facht an!
Der Herr hat Großes an uns getan.
Ehre sei Gott in der Höhe!

Hätten Sie es für möglich gehalten? „Gottes und Deutschlands Schwert" – so etwas scheint eher zu Khomeini zu passen als zur Tradition einer christlichen Kirche in unserem Land. Aber es handelt sich nicht um eine einmalige Entgleisung; das zeigt neben vielen anderen (u. a. auch noch in derselben Agende) mein zweites Beispiel: Es gab im 19. Jahrhundert in Preußen Pläne für eine vaterländische Konfirmation, die nach der kirchlichen stattfinden sollte, nur für Jungen; vor einem Altar, geschmückt mit den Farben des Vaterlandes, sollten die Vierzehnjährigen ihre Bereitschaft zum Heldentod für dieses Vaterland geloben. Die Agende hierfür war ausgearbeitet; durchgeführt wurde der Plan dann doch nicht.

Mit der katholischen Kirche, die als Weltkirche nie so direkt mit den nationalen Interessen verbunden war, teilte die evangelische die Lehre vom „gerechten Krieg". Welche Interessen in Wirklichkeit hinter der jeweiligen Kriegsvorbereitung standen, erfuhr die Bevölkerung natürlich nicht.

Nun werden Sie vielleicht sagen: die Zeiten sind doch vorbei. Den Einfluß, den die Kirchen auf das Denken und Verhalten der Menschen hatten, haben sie doch nicht mehr. Man braucht nur an das Sexualverhalten in der Bevölkerung zu denken: die Menschen tun, was sie selbst für richtig halten, und fragen nach den Lehren der Kirchen nicht viel. Hinderliche Gesetze sind bei uns seit Anfang der 70er Jahre aus dem Weg geschafft, wozu die Bevölkerung durch ihr Wahlverhalten beigetragen hat; die Bevormundung durch ältere, kirchlich beeinflußte Wertvorstellungen ist weitgehend vorbei. Das gilt von allen politischen Sachbereichen. Was soll also der Rekurs auf politische Fehlleistungen der Kirche vor Jahrzehnten?

Ich vermute aber, dabei wird eines übersehen: Wenn auch der direkte Einfluß der Kirchen nachgelassen hat, ja wenn in der Kirche selbst inzwischen ganz andere Meinungen laut werden als die, die ich zitiere, so bedeutet das bei weitem nicht, daß es keine Nachwirkungen der älteren kirchlichen Lehre mehr gäbe. In den Sozialwissenschaften spricht man von dem Phänomen der „neutralisierten Religion": sie ist gewissermaßen um ihre lebendige Mitte gebracht, bewegt die meisten Menschen nicht mehr sehr; aber das Menschenbild, das durch eine jahrhundertealte, sich selbst für christlich haltende Tradition in die Köpfe und Herzen gebracht wurde, wirkt trotzdem nach. Dafür ein Beispiel, das ich an dieser Schule vor vielleicht 20 Jahren erlebte: ich kam neu in eine Untersekunda (10. Klasse), sah im Klassenbuch, daß soeben im Geschichtsunterricht über den Marxismus gesprochen worden war, und fragte die Schülerinnen, worin sie denn den Hauptunterschied zwischen Christentum und Marxismus sähen. Ich erwartete, vielleicht den Atheismus genannt zu bekommen; statt dessen bekam ich zur Antwort: „Die Marxisten glauben, man könnte die Welt besser machen, und wir wissen, daß das nicht geht.“ Auf meine erstaunte Frage, woher sie das denn wüßten, hieß es: „Der Mensch ist viel zu schlecht dazu.“ – „Hauptsache, es geht ihm gut dabei,“ konnte ich den netten jungen Damen nur antworten – und wir hatten unser Thema für das erste Vierteljahr. Denn die Meinung der Bibel ist dies nun ganz und gar nicht: „Sünder sein“ bedeutet weder „schlecht sein“; noch besagt es, daß der Mensch unfähig wäre, in der Welt etwas Vernünftiges auszurichten. Aber gerade dieses Mißverständnis hat besonders im deutschen Protestantismus generationenlang geherrscht. Ich kann nun nicht behaupten, daß jene Schülerinnen besonders fromm oder besonders kirchlich gewesen wären, aber das (schon fast misanthropische) negative Vorurteil über den Menschen teilten sie doch. Es ist bei uns weit verbreitet, selbst da, wo man die Religion kaum mehr kennt. Eben das besagt der Ausdruck „neutralisierte Religion“: sie ist wie ein Leichnam, an dem man sich vergiften kann. Die misanthropische Tradition gehört zu diesem Gift. Kurz zusammengefaßt, besagt sie: Der Mensch ist böse, deshalb kann er weder Gerechtigkeit schaffen noch Frieden. Das kann nur Gott, und zwar erst nach unserem Tode, im sogenannten Jenseits. Die Toten ruhen in Frieden...

Die Obrigkeiten allerdings wurden meist von diesem Urteil ausgenommen. Von ihnen konnte gesagt werden, daß sie Gerechtigkeit oder Frieden realisiert hätten. Waren sie mehr als Menschen, diese Herren von Gottes Gnaden?

Unstimmigkeiten dieser Art sind typisch für Ideologien. Solche in sich geschlossene Lehrsysteme haben es an sich, daß sie mit der Realität nicht voll übereinstimmen. Die nicht passenden Teile der Realität sollen unbeachtet bleiben; Kritiker, die auf sie hinweisen, werden auf die eine oder andere Weise zum Schweigen gebracht, solange die Verfechter der Ideologie an der Macht sind. Betrachtet man solche in sich geschlossenen Lehrsysteme von außen, so sieht man wohl, in wessen Interesse sie formuliert sind.

In unserem Falle handelt es sich um eine Ideologie der Akzeptanz. Die Bevölkerung soll hinnehmen, was die Obrigkeiten planen, in der tief verankerten Überzeugung, daß es unmöglich sei, daran etwas zu ändern. Diese Ideologie ist ein Politikum ersten Ranges. Sie hat ganze Generationen christlicher Bürgerinnen und Bürger gelehrt, sich um Politik nicht zu kümmern und Ruhe für die erste Bürgerpflicht zu halten. Übrigens wußten die politischen Herrscher sehr genau, was für ein herrschaftsstabilisierendes Instrument sie mit der Religion in den Händen hielten. Auch dafür will ich zwei Beispiele anführen. Das erste, schon fast ergötzlich zu nennende, betrifft den preußischen König Friedrich Wilhelm III, der im Jahre 1804, als die gekrönten Häupter Europas vor der heraufziehenden Gefahr der Demokratie zitterten, seinem lieben Vetter, dem Zaren von Rußland, einen Brief schrieb: er werde ihm eine gemischte Kommission aus Musikern und Theologen schikken, die die herrliche Kirchenmusik der orthodoxen Kirche studieren sollten. Er beabsichtige nämlich, in „seiner" Kirche, der evangelischen Kirche in Preußen, obligatorische Kirchenmusik einzuführen, um so „die Gemeindeglieder an den Gottesdienst zu fesseln, den Zusammenhang mit der Kirche zu stärken und so allen revolutionären und gefährlichen Gedanken von vornherein das Wasser abzugraben"[120] (Originalton Friedrich Wilhelm III!).

Das zweite Beispiel ist der bekannte Erlaß des letzten Kaisers, der als König von Preußen 1889 verfügte, die Religionslehrer sollten die Kinder des Volkes immun machen gegen die „gemeingefährlichen Ideen der Sozialdemokratie", sollten klar machen, daß diese widergöttlich und undurchführbar seien.

Aber wie schon gesagt: Die scheinchristliche Ideologie der Akzeptanz hat die Zeit der Fürsten überdauert. Sie begegnet uns heute in mancherlei säkularisierten Formen; ich zitiere ein paar.

1. Da ist einmal die Rede von der menschlichen Aggressivität. Sie liege in unserer Natur, und das zeige ja schon, daß wir grundsätzlich friedensunfähig seien. Abwandlung der alten Rede von der Schlechtigkeit des Menschen. Auch in der Form habe ich sie angetroffen, daß man zuerst Frieden im eigenen Herzen schaffen müsse, ehe man fähig sei, sich um den Frieden in der Welt zu kümmern. „Solange Jesus meine Aggressivität noch nicht besiegt hat...", so

habe ich es zu hören bekommen. Nun, verehrte Zuhörer, das wird dieser Jesus nicht tun. Erstens konnte er selbst ganz schön aggressiv werden, wie die berühmte Geschichte von der Austreibung der Geldwechsler aus dem Tempel u. a. zeigt; er war keineswegs der lammfromme Langweiler, als welchen scheinchristliche Kleinkunst ihn darzustellen beliebt hat. Zweitens aber: Aggressivität gehört zur menschlichen Natur, wir brauchen sie zum Leben. Ohne Aggressivität kann man noch nicht einmal ein Badezimmer schrubben. Die Frage ist nur die, wogegen sie sich wendet. Hier wird oft nicht unterschieden zwischen Aggressivität und Destruktivität. Aggressivität, die für das Leben und gegen die Aufrüstung arbeitet, ist menschlich, gut und nötig; sie ist das klare Gegenteil von Destruktivität.

2. Eine andere Form, in der die alte Ideologie der Akzeptanz uns heute begegnet, ist die seltsame Abwehr der Erkenntnis, daß Friede „machbar" ist. Man dürfe nicht alles als machbar ansehen, lautet einer dieser vielen ungenauen Sätze. Nun, natürlich ist nicht „alles" machbar. Beispielsweise hat keiner von uns sich selber gemacht; und auch unsere Kinder „machen" wir nicht, auch wenn eine saloppe Redeweise so tut. Wir machen sie nicht, wir bekommen sie – und sind oft genug erstaunt darüber, wer uns da in den Weg geraten ist. Auch Frieden ist nicht in jedem Sinn machbar, gerade der innere Friede, fur den ich lieber das moderne Wort Identität verwende, ist es nicht. Aber Friede im Sinn der politischen Gestaltung der Welt, der ist machbar! Man kann sehr wohl erkennen, welche Interessenkonflikte vorliegen und den Frieden gefährden; nicht umsonst gab es in diesem unserem Lande einige gute Jahre lang auf Anregung Gustav Heinemanns eine Gesellschaft für Friedens- und Konfliktforschung. Und man kann auf gerechte Lösungen ohne Krieg sehr wohl hinarbeiten.

Lassen Sie mich hier einen kleinen Einschub machen. Wenn Bibel und Theologie davon reden, daß wir „Sünder" sind, so heißt das keineswegs, daß wir „schlecht" seien oder daß wir unfähig seien, in der Welt etwas Vernünftiges zu tun. Eine solche Hypothese gibt es in der ganzen Bibel nicht. Im Gegenteil, der Mensch ist Gottes Mitarbeiter, so wird er genannt; der Schöpfer vertraut ihm seine Schöpfung am, der Sohn Gottes vertraut den Menschen die

Fortführung seiner Sache an. Der Gedanke, der Mensch müsse die Finger davon lassen, die Welt gerechter und waffenärmer zu machen, als sie heute ist, dieser Gedanke ist, von der Bibel her gesehen, geradezu absurd. Sünder-Sein heißt: nicht vertrauen können; es ist fast identisch mit Mangel an Mut.

3. Ich fahre im Hauptgedanken fort: noch eine dritte Form ist es, in der uns jene alte misanthropische Ideologie heute begegnet. Ich meine das gefährliche Mißtrauen gegen die Vernunft. Genau zuzusehen, klar nachzudenken, sich gut zu informieren und deutliche Fragen zu stellen, das scheint in unserem Land noch immer fast unanständig zu sein. Die Bereitschaft, sich Desinformation aufreden zu lassen (wie z. B. jetzt in der infamen Desinformationskampagne gegen Nicaragua) ist groß. Während meiner Lehrerzeit hier habe ich einige Male den Versuch gemacht, die Meinungen meiner (gar nicht sehr frommen) Klassen zu diesem Thema zu testen. Ich schrieb zu Beginn der Stunde einfach das Wort „Kritik" an die Tafel und fragte, was das sei. Es wiederholte sich immer wieder dasselbe: „Kritik" war negativ besetzt. „Das sind die, die immer was zu meckern haben", „ die nie zufrieden sind", „die alles besser wissen" etc. Schrieb ich dann auf die zweite Tafel das Wort „kritiklos" oder auch „unkritisch" und äußerte die Vermutung, daß das dann ja wohl eine sehr positive Eigenschaft oder Verhaltensweise sei, dann erst wurde klar, wie lebensnotwendig Kritikfähigkeit ist. Wir hatten biblischen Stoff genug, der uns zu denken gab, z. B.: „Prüft alles (sc. was die Propheten sagen!), und das Gute behaltet", schreibt der Apostel Paulus (1 Thess. 5,20). Prüffähigkeit, Kritikfähigkeit – in der Bibel eine wichtige Gabe des Glaubens, in unserer akzeptanzorientierten Tradition aber etwas Verachtenswertes!

In der Friedensarbeit ist die Anwendung kritischen Denkens unabdingbar. Dazu gehört die Sammlung von Informationen und ihre methodisch genaue Untersuchung. Auf diese Weise wußte man in der Friedensbewegung z. B. schon längst, daß die Pershing II, die ja ausschließlich in unserem Land stationiert ist, keine Verteidigungs-, sondern eine Erstschlagwaffe ist; sie geht 12-60 m ins Erdreich und hebelt Raketensilos aus – aber die SS 20, gegen die sie angeblich verteidigen sollte, ist gar nicht verbunkert, sondern mobil. Die Pershing II sollte „das sowjetische Huhn enthaupten", wie es in den Äußerungen amerikanischer Militärs hieß, kopflos machen, d. h. die verbunkerten Befehlszentralen sowie verbunkerte Interkontinentalraketen zerstören. Als dies damals (1982) von Gruppen der Friedensbewegung auf Grund des Studiums amerikanischer Wehrzeitschriften bekannt gemacht wurde, hieß es von offizieller Seite, das sei sowjetische Propaganda. Heute, nachdem die Verschrottung beschlossen ist, liest man plötzlich in der Tagespresse, daß es sich um Offensivwaffen handle…

4. Falsche Einschätzung der menschlichen Aggressivität, abschätzige Beurteilung der „Machbarkeit" des Friedens und der Möglichkeiten kritischer Vernunft: das sind drei Beispiele heute verbreiteten Denkens, in denen jenes alte misanthropische Menschenbild einer verkehrt gewordenen Religion zum Ausdruck kommt. Ich nenne noch ein viertes: die Schicksalsgläubigkeit. „Letzten Endes kommt doch alles so, wie es kommen soll", wie oft kann man das hören! Es klingt vielleicht gottergeben und fromm; biblisch ist es gerade nicht. Es gibt eine Fülle von Geschichten, in denen biblische Menschen sich dem „Schicksal" entgegenwerfen, indem sie Gott, der ein Strafgericht ankündigt, widersprechen, mit ihm ringen, ihm die Rettung geradezu abnötigen: Abraham, der für Sodom und Gomorra bittet, ja mit Gott feilscht, um den Untergang der Städte abzuwenden (1 Mose 18); es geht ihm um seinen Pflegesohn Lot, der dort lebt und den er gerettet haben will, und er bedient sich jedes nur möglichen Mittels, um Gott umzustimmen: „Du bist der Weltenrichter, du kannst doch nicht die Gerechten mit den Ungerechten umbringen! Vielleicht sind 50 Gerechte in den bösen Städten, vielleicht 45, 40, 30, …" Als er die Zusage hat, daß Gott die Städte verschonen werde, wenn auch nur 10 Gerechte dort leben, gibt er sich zufrieden. Einige Kapitel später gehen die Städte unter; „aber der Herr dachte an Abraham" und führte Lot heil heraus.

Ein Beispiel für viele. Die biblischen Glaubenden sind gerade nicht schicksalsergeben; Liebe zum Leben, Liebe zu Menschen, Liebe zum Volk treibt sie dazu, sich leidenschaftlich mit Gott anzulegen. Und der biblische Gott hat seine Freude daran. Da lesen wir, daß Mose für Israel bittet (2 Mose 34) oder der Prophet Amos (Amos 7): „Da reute es den Herrn, und er sprach: Es soll nicht geschehen." – ein für unsere Ohren fast unglaublicher Satz. Da lesen wir, wie das kanaanäische Weib sich Jesus entgegenwirft, um ihr Kind geheilt zu bekommen (Mt 15); er weist sie ab, sie gibt nicht nach, wirft sich ihm vor die Füße, läßt ihn nicht weitergehen, gibt schlagfertige Antworten, bis Jesus am Schluß zu ihr sagt: „Dein Glaube ist groß!" und ihr hilft. Da lesen wir vor allem, wie Jesus beten lehrt: Die beiden Gleichnisse vom bittenden Freund und von der bittenden Witwe (Lk 11 und Lk 18), zwei Menschen, deren „unverschämtes Drängen" (Lk 11,8) schließlich zum Erfolg führt, sind Gleichnisse davon, „wie man beten solle". Das steht ausdrücklich dabei.

Aber lehrt Jesus nicht auch das Vaterunser, in dem es heißt: „Dein Wille geschehe, wie im Himmel so auf Erden"? Und spricht er nicht selbst in Gethsemane zu seinem Vater: „Nicht wie ich will, sondern wie du willst"?

Beide Stellen haben nichts mit einer unbiblischen Schicksalsergebenheit zu tun. Was das Vaterunser betrifft, so hat die Bibelwissenschaft schon seit etwa 100 Jahren wieder freigelegt, was es ursprünglich ist: ein eschatologisches Gebet, d. h. eins, das um das endgültige Kommen des Reiches Gottes, des Reiches des Friedens und der Gerechtigkeit betet. „Dein Wille geschehe, wie im Himmel schon jetzt, so bitte endlich auch auf Erden." Es ist ein drängendes Gebet gewesen, das wirklich etwas wollte: es kann und darf auf Erden nicht so bleiben, wie es ist, um Gottes und der Menschen willen nicht! Es ist ein aktivierendes, kein passiv machendes Gebet, trotz jahrhundertelanger Überfremdung mit der Ideologie der Akzeptanz. Und das Gebet in Gethsemane ist das Gebet eines Menschen, der wissen will, ob er seine Aufgabe erfüllen kann, ohne den „Kelch des Leidens" zu trinken. „Mein Vater ist's möglich, so gehe dieser Kelch von mir" (Mt 26,39). Er hätte das gern, dieser so menschliche Mensch. Aber als er erkennt, daß seine Aufgabe das Leiden erfordert, willigt er ein und geht dem Verräter entgegen. Ein mitdenkender, mitentscheidender Mensch sucht seinen Weg; mit einem passiven Kommenlassen des Schicksals hat das nichts zu tun.

Ich ziehe ein Fazit des ersten Teils. In jener altüberkommenen, schein-christlichen Ideologie steht ein Bild vom Menschen, das ihn schlecht, klein und hilflos erscheinen läßt – im Gegensatz zu dem

„Freund Gottes“ (2 Mose 33,11; Ps 127,2), dem „Mitarbeiter Gottes“ (1 Kor 3,9), der der Mensch in der Bibel sein kann. Wir müssen uns von jenem Menschenbild befreien. Wir können mehr, als uns da zugetraut wird. Der erste Schritt zu einer Theologie des Friedens muß der sein, daß wir Herrschaftstraditionen über Bord werfen und uns die Würde wieder zugestehen, die wir haben. Und unnachgiebig an die Arbeit gehen. Jesus sagt: „Heil denen, die Frieden schaffen.“ Wen er wohl gemeint hat?

### *Was lehrt die praktische Erfahrung?*

Im zweiten Teil möchte ich Ihre Aufmerksamkeit auf höchst konkrete Beispiele dafür lenken, was Menschen tun können, um den Frieden zu sichern. Da ich Theologin bin, möchte ich dazu noch bemerken, daß es dem ursprünglichen, unverfälschten biblischen Glauben sehr gut entspricht, von konkreten Ereignissen zu berichten, statt sich durch abstrakte Ein-für-allemal-Lehren gefangennehmen zu lassen. Die Bibel erzählt; sie enthält kein Lehrsystem. Was gelungen ist, das zeigt, was möglich ist. Was ist gelungen? Ich skizziere fünf Beispiele.

1. Da ist die Entdeckung des „nuklearen Winters“. Klimatologen rechneten aus, daß ein auf Europa begrenzter Atomkrieg (von dem amerikanische Militärs zu Anfang der 80er Jahre ständig sprachen) soviel Staub aufwirbeln würde, dazu durch die wochenlang brennenden Städte des Kontinents soviel Ruß, daß die Sonne etwa ein halbes Jahrhundert lang nicht mehr durchkäme und deshalb ein Dauerwinter von ca. -40° herrschen würde. Dies würde den Tod aller Pflanzen, Tiere und natürlich Menschen zumindest auf der ganzen Nordhalbkugel bedeuten. Vorerfahrungen mit der Sonnenverdunkelung nach einem großen Vulkanausbruch stützten diese Berechnungen ebenso wie wissenschaftliche Annahmen über das Ende der Kreidezeit samt ihrer Tier- und Pflanzenwelt (Zerstäuben eines riesigen Meteors aus einer auf der Erde sonst nicht vorhandenen Metallverbindung, die als feiner Staubring auf der Kreideschicht rings um den Globus gefunden worden ist). In mehreren Zeitungen las ich eine Notiz, daß das Pentagon eine Gegenstudie in

Auftrag gegeben habe, die aber zum selben Ergebnis gekommen sei, so daß Minister Weinberger geäußert habe, dann müsse die Zukunft eben kleinen Kriegen gehören. – Die Entdeckung kam von „unten“, führte aber zu Neuorientierungen „oben“. Ein Beweis, daß das möglich ist!

2. Es trifft nicht zu, was viele befürchten, daß Waffen, die einmal da sind, auf jeden Fall auch angewendet werden. Mir sind zwei Gegenbeispiele bekannt. Im zweiten Weltkrieg verfügten beide Seiten über Giftgas. Als ich während des „totalen Krieges“ (1944/5) dienstverpflichtet wurde, stellten wir in einer Rüstungsfabrik hauptsächlich Gasmasken her, in 60-Stunden-Woche und Tag- und Nachtschicht, so daß alle fürchteten, es würde noch zum Gaskrieg kommen. Aber keine Seite setzte Giftgas ein. Eine Massenvernichtungswaffe war da, aber es wurde darauf verzichtet, sie anzuwenden.

Das zweite Beispiel betrifft das Ende des Vietnamkrieges. In der entscheidenden Schlacht bei Khesan wollte das amerikanische Militär eine Atombombe einsetzen; Präsident Johnson lehnte das ab, weil auch die Sowjetunion als Schutzmacht Vietnams Atombomben habe und niemand wisse, was man da auslösen könne. Lieber verlor Johnson den Krieg und zog die US-Truppen ab. Es ist möglich, es ist geschehen, daß die Verantwortung siegt!

3. Die wichtigste „Waffe“ derer, die Frieden wollen, ist die Kraft der einfachen Wahrheit. Im Jahre 1965 brachte die Evangelische Kirche in Deutschland eine Denkschrift heraus, die von großer politischer Wirkung gewesen ist, die sogenannte Ostdenkschrift, in der die Lage der Vertriebenen in Gesellschaft und Kirche sowie die gegenwärtige Lage in den Gebieten jenseits der Oder-Neiße-Linie zunächst einmal schlicht dargestellt wurden, Fakten, Daten, Zahlen, so daß jeder Leser vor Augen hatte, über was man eigentlich sprach, wenn man politisch zur Frage der Ostgrenzen Stellung nehmen wollte. Diese Denkschrift schlug damals fast wie eine Bombe in die evangelischen Gemeinden und Synoden ein, wurde leidenschaftlich diskutiert, verlangte sie doch von vielen Protestanten, ein Feindbild zu korrigieren, das einfach auf der Unkenntnis einschlägiger Tatsachen beruht hatte. Die evangelische Kirche tat damit der

Öffentlichkeit einen wichtigen Dienst und half mit, die spätere neue Ostpolitik überhaupt zu ermöglichen. Das klärende Wort, das die Kirche damals sagte, bedeutete nicht, daß sie anderen, Parteien oder dem Staat, Vorschriften zu machen suchte, sondern daß sie auf der Kenntnis und der öffentlichen Diskussion der wirklichen Gegebenheiten bestand und dazu Hilfe leistete. Wenn Kirche so wirken kann: welche Wohltat für alle!

4. Mitten in der Armee haben sich Offiziere und Soldaten zusammengeschlossen, die wachsam beobachten wollen, welche Strategien entwickelt werden, welche Ziele und Methoden in der Bundeswehr zum Zug kommen. Ich meine die Gruppe des „Darmstädter Signals". Als demokratische Staatsbürger realisieren sie die Pflicht, mitzudenken und Verantwortung zu übernehmen, Verantwortung auch dafür, daß kein realitätsfernes Feindbild aufgebaut wird. Noch gibt es das leider, wie ich aus vielen Podiumsdiskussionen weiß. Aber daß bei unserer Vergangenheit (ich erinnere an das anfangs zitierte Kirchenlied!) so etwas überhaupt möglich ist, daß eine Gruppe von Offizieren sich öffentlich zu Wort meldet und vor bestimmten Entwicklungen warnt, das ist neu, das ist schon fast ein Wunder.

5. Zum Abschluß möchte ich ein mir nahe bekanntes, mich persönlich bewegendes Beispiel dafür berichten, was ein einzelner besorgter Bürger ausrichten kann. Vor mehreren Jahren entdeckte ein Friseur aus Pirmasens, daß bei Fischbach in der Pfalz große Mengen chemischer Waffen (tödliches Nervengas) lagern. Er erfuhr, daß die Fässer morsch zu werden beginnen und eine große Gefahr für die gesamte Umgebung darstellen. Daraufhin verkaufte er seine Briefmarkensammlung, ließ von dem Erlös Plakate drucken und hängte sie in seiner Heimatstadt in vielen Geschäften auf. „Unsere Frauen und Kinder, alles, was wir lieben, ist in Gefahr!" stand u. a. darauf. Es erhoben sich Gegenstimmen: Der Fremdenverkehr werde durch solche Warnungen gefährdet. Aber es gründete sich auch eine Initiative, bald ein Verein gegen Giftgas, dann ein deutsch-französisches Komitee (das Gaslager befindet sich dicht an der französischen Grenze und ist nur von französischer Seite aus einzusehen). Gewerkschafter nahmen sich der Sache an, brachten sie in

Friedensdemonstrationen ein; Bürger anderer Bundesländer wurden aufmerksam und forschten in ihrer Heimat nach, ein Lager nach dem anderen wurde bekannt; es entstand der Bundesverband gegen Giftgas. Von Regierungsseite wurde die Tatsache, daß es solche Lager hier gibt (übrigens nur in der Bundesrepublik Deutschland, in keinem andern NATO-Land!), anfangs immer wieder bestritten. Heute ist es soweit, daß das Außenministerium die Aufhebung der Giftgaslager energisch fordert. Es ist nicht wahr, daß „ein einzelner nichts machen kann"!

Alle Beispiele zeigen: Es ist möglich, „Frieden zu schaffen." Man kann etwas erreichen. Das Ziel muß sein, daß Kriege als Mittel der Politik überhaupt ausscheiden. Wir sind noch nicht soweit; aber es muß bei der Natur der heutigen Waffen dahin kommen. Wie in der frühen Geschichte der Menschheit das Faustrecht abgeschafft und durch ein gesetzlich geregeltes Zusammenleben ersetzt wurde, so muß es selbstverständlich werden, Konflikte zwischen den Staaten politisch beizulegen und auf militärische Lösungen grundsätzlich zu verzichten. Konflikte wird es geben, wirtschaftlich bedingte vor allem; Öl und Rohstoffe werden knapper, wir werden uns einrichten müssen.

Der Friede ist noch nicht gewonnen; aber es ist möglich, ihn zu gewinnen.

### *Neuorientierung in den Kirchen*

Wir haben im ersten Teil dieser Vorlesung gesehen, daß gerade kirchliche Traditionen dazu verleiten können, unsere Themafrage zu verneinen: Menschen können keinen Frieden schaffen, weil sie zu „schlecht", zu aggressiv dazu seien, weil Friede sowieso nicht machbar sei, weil der Vernunft nicht zu trauen sei und weil das Schicksal sowieso seinen Lauf nehme. Wir haben diese Meinung als Ideologie zu entlarven versucht, und wir haben ihr das ganz andere Verhalten biblischer Menschen gegenübergestellt. Im zweiten Teil haben wir dann praktische Erfahrungen aus unserer Gegenwart bedacht, die zeigen: Jene alte Tradition ist falsch. Menschen können mehr. Es ist also eine wichtige Aufgabe für Christen und insbesondere Theologen, an der Überwindung dieser Tradition zu arbeiten. Was wir brauchen, ist eine Befreiung der Bibel, eine Befreiung der Theologie.

Sie ist bereits im Gang. Quer durch die christlichen Kirchen beobachten wir ein Erwachen, eine Neuorientierung gerade in bezug auf unser Thema. Ich erwähne eines der jüngsten Beispiele, die Denkschrift der Methodistischen Bischöfe der USA, „In Defense of Creation", die sie ihren Gläubigen zum Studium vorgelegt haben (1986); eine Übersetzung für die deutschen Methodisten ist im Gang. Die Bischöfe stellen dar, wie christliche Kirchen bisher über Krieg und Frieden gelehrt haben, erwähnen die Kreuzzugsidee, die Lehre vom gerechten Krieg und die pazifistische Idee; der letzteren habe ihre eigene Kirche angehangen. Unter Gebet und mit vielen Tränen und Buße, so fahren sie fort, hätten sie jetzt erkannt, daß der Pazifismus nicht genügt. Es müsse vielmehr um einen „Frieden in Gerechtigkeit" gehen. Völker, die ihre Kinder verhungern sähen, während andere im Überfluß leben, könnten auf den Kampf um Gerechtigkeit nicht verzichten. Wer den Frieden wolle, müsse sich zugleich für eine gerechtere Wirtschaftsordnung einsetzen.

Auch das ist eine Wiederentdeckung biblischer Ansätze. Daß „Gerechtigkeit und Frieden sich küssen" (Ps 85,11), ist nicht nur Vision für die messianische Zeit; es steckt auch bereits in den Gesetzen Israels im Alten Testament und in den Realisierungsversuchen der Urgemeinde. Im Alten Testament steht das Halljahrsgesetz, wonach niemand den Grund und Boden des anderen aufkaufen kann; muß jemand aus Not Ackerland verkaufen, so fällt es nach einer Reihe von Jahren an den ursprünglichen Besitzer oder seine Erben zurück. Man kauft also eigentlich nur die Ernten einiger Jahre. Es können, wenn das Gesetz eingehalten wird, keine Latifundien entstehen auf Kosten anderer, die landlos werden. Das Produktionsmittel der alten Zeit, der Ackerboden, gehört allen, ist an die Stämme verteilt, und so soll es bleiben, damit jeder leben kann. Entsprechend lesen wir beim Propheten Jesaja die Anklage: „Weh denen, die einen Acker an den anderen ziehen, bis kein Raum mehr da ist und sie allein das Land besitzen!" (Jes 5,8). Die Urgemeinde versuchte bekanntlich, aus einer gemeinsamen Kasse zu leben, indem ihre Mitglieder Äcker und Weinberge verkauften und das Geld verteilten; das konnte natürlich auf die Dauer nicht gut gehen, weil nichts mehr produziert wurde. Ursache war die Meinung, daß der Jüngste Tag sehr nahe sei und man deshalb keine Äcker mehr brauchen würde. Als der Irrtum offenkundig wurde und die Armut ausbrach, halfen die anderen Gemeinden (Paulus schreibt davon). Man könnte sich aber den Satz, der das Leben der ersten Gemeinde beschreibt: „Niemand sagte von seinen Gütern, daß sie sein wären, sondern sie hatten alles gemeinsam" auch gut bei einer Gemeinde vorstellen, die die Äcker nicht verkaufte, sondern gemeinsam nutzte. So haben es ja später die ersten Klöster und dann immer wieder sogenannte „Ketzer"-Gemeinden tatsächlich gemacht und tun es z. T. bis heute (z. B. die Bruderhöfe in den USA).

Die Urgemeinde hat, trotz des Irrtums ihrer Naherwartung, ein Zeichen gesetzt. Sie hat aber noch etwas weiteres getan, das ebenso nachgewirkt hat: das allererste neue Amt, das sie schuf, war das Amt der „Diakonen" (Luther übersetzt: „Almosenpfleger"). Sie hatten darauf zu achten. daß bei der Verteilung von Geld oder Lebensmitteln die Unscheinbarsten nicht übersehen wurden: die griechisch sprechenden Witwen, die in Jerusalem fremd waren und leicht in Vergessenheit geraten konnten (Apg 6 I,1). Das erste Amt, das die Christenheit von sich aus einrichtete, war eines, das für „Gerechtigkeit und Frieden" sorgen sollte.

Was in jener Anfangszeit im Kleinen galt, wird heute von den großen Kirchen wiederentdeckt. Sie haben sicher davon gehört, daß eine „Ökumenische Weltversammlung" vorbereitet wird (der Name „Friedenskonzil" ist bekannter geworden, inzwischen aber durch jenen anderen abgelöst). Die Zielsetzung dieser Weltversammlung heißt: „Für Gerechtigkeit, Frieden und Bewahrung der Schöpfung".Es geht hier um die Überlebenschancen der Menschheit überhaupt. Die Erde wird „kleiner", die Vorräte an Öl und Rohstoffen knapper; wenn wir nicht lernen, vernünftig zu kooperieren und gerecht zu verteilen, dann rotten wir uns aus. Von der gegenseitigen Verdrängung zur Kooperation! Das ist nicht nur christliches Ideal, sondern vernünftige Forderung, endlich „erwachsen" zu werden (Konkurrenzfreude gehört, entwicklungspsychologisch gesehen, ins Kindesalter; da das Kind, das wir waren, in uns bleibt, haben wir auch als Erwachsene noch Freude daran: im

Spiel. Aber die Ordnung unseres Arbeitslebens sollte nicht nach kindlichem Muster geschehen, sondern auf erwachsene Weise: eben durch Kooperation). Der auf der Weltversammlung angestoßene Prozeß muß weitergehen.

Vision und Analyse gehören zusammen. Die Vision stellt das Ziel vor Augen, eben das Reich des Friedens und der Gerechtigkeit; die Analyse unternimmt es, Hindernisse und Möglichkeiten zu klären. Aus beiden folgt die Praxis, für die Zukunft aller. „Heil denen, die Frieden schaffen", wie es in der Bergpredigt heißt.

*Quelle:*
Ringvorlesung Köln 1987, unveröffentlicht

## Vom „Nein" zum Bestehenden

In einer Gesellschaft, in der die Menschen in den wichtigsten Fragen nicht Herrinnen und Herren ihres eigenen Lebens sind, ist es unmöglich, Mensch zu bleiben oder zu werden, wenn man sich abfindet und das „Nein" verliert. Selbst idealistischen Philosophen ist klar, daß der Mensch sein Menschsein verliert, wenn er aufhört, die Verantwortung für seine Weise zu leben zu übernehmen. Nicht nur die Tat verändert den Täter, auch das Unterlassen, das Wegsehen und sich Abfinden verändert den Menschen; er bleibt nicht er selbst, er wird nicht er selbst. Allerdings diskutieren idealistisch orientierte Philosophen dieses Thema auf eine sehr abgehobene, abstrakte Weise. Ihr Leben im gesicherten Bürgertum läßt sie nur die vergleichsweise harmlosen Probleme wahrnehmen, die es dort noch zu erleben gibt. Das große Wegsehen, nämlich vom Ergehen der Massen, ist im Ghetto der Bourgeoisie längst geschehen.

Links sein heißt, die *Probleme der Massen* für die wichtigsten und für die Situation einer Gesellschaft entscheidenden zu halten. Die Masse der Kinder kann nicht lernen, sich nicht entwickeln, wie es ihnen möglich wäre und wie jedes kleine Kind es will. Die Schule dient der Selektion, der Zuteilung von Lebenschancen und damit derjenigen Seite des Klassenkampfes, der immer läuft, nämlich dem Klassenkampf von oben. Die Aufrückungsstellen sind für die Kinder derer, die ohnedies „oben" sind; die Privilegien müssen bleiben, wo sie sind. Dem dient das öffentliche Bildungswesen, *nicht* der Entwicklungschance des einzelnen Kindes oder vielmehr: der Kinder miteinander. Das „Nein" des Pädagogen, der den Kindern dienen will, darf nicht aufhören.

Das heißt allerdings nun nicht, daß der linke Pädagoge gut daran täte, sein „Nein" dadurch zu zeigen, daß er oder sie die Schule verläßt. Leider habe ich schon mehrfach erlebt, daß beamtete Lehrer „ausgestiegen" sind, weil die Schule pädagogisch unerträglich sei. Solange die Kinder nicht aussteigen können, haben auch wir kein Recht dazu! Im übrigen stimmt es ja auch gar nicht, daß man in der heutigen Schule nichts Vernünftiges für die Kinder tun könne, das darf ich aus 25jähriger Lehrererfahrung wohl sagen. Dem einzelnen Lehrer bleibt in vielen Fächern Spielraum genug, um trotz des verordneten Selektionsdruckes Kinder wirklich zu fördern. Es könnte nur alles soviel besser sein *ohne* diesen Druck...

Unser „Nein" gilt ebenso der heutigen Situation der Erwachsenen. Sie sind nicht selbstbestimmt Arbeitende, denen die Produktionsmittel gehören und die gemeinsam, in Selbstverwaltung, verantworten können, was geschieht. Sie hängen davon ab, ob andere, die großen Produktionsmittelbesitzer, genügend an ihnen verdienen; sonst stehen sie auf der Straße. Auch ihre Wohnungen gehören ihnen, den meisten, nicht. Bringen sie nicht mehr genug Rendite, so verlieren sie sie. Die grundlegendsten Gegebenheiten des menschlichen Lebens, Arbeiten und Zuhausesein, sind anderer Leute Business und damit fremdbestimmt. Usw. usw.

Wir wissen das alle. Wir haben die Verhältnisse analysiert, und wir wissen: So kann es nicht bleiben. Umweltzerstörung und Krieg, beides fast rein aus Profitgründen, kommen zu allem hinzu und bedrohen eine mögliche menschliche Zukunft in unerträglicher Weise. Darum sage ich als erstes: Wir Linken leben vom „Nein".

Aber kann man davon *leben*?

Das „Nein" ist das Rückgrat unserer politischen Existenz in dieser Gesellschaft. Es soll uns nicht gebrochen, es darf aber auch nicht aufgeweicht werden. Immer wieder in der Geschichte der Befreiungskämpfe passiert das, in immer neuer Form. Eine der heute verbreiteten Formen der Aufweichung scheint mir die „neue Innerlichkeit" zu sein, New Age aller Sorten, der Therapie-Boom etc., d. h. die Ablenkung des Protestes in die so erzbürgerliche Beschäftigung mit sich selbst. Freilich kommt in diesem Trend ein Defizit zum Vorschein, das tatsächlich da ist; wir werden darauf zurückkommen müssen. Aber als erstes und deutlichstes muß gesagt werden: Es ist eine Äußerungsform des Wegsehens von den wirklichen Problemen, des Ausweichens vor der realen politischen Situation, der Aufweichung des „Nein". Man kann sich diese Aufweichung um so eher erlauben, wenn man für sich privat noch eine Nische gefunden hat, in der es sich relativ angenehm existieren läßt.

Ich denke, daß wir dieses „Nein“ stärken müssen, in uns und um uns herum. Das bedeutet, daß wir uns einem mächtigen Trend in der überkommenen Kultur bewußt entgegenstellen müssen. Dieser Trend setzt, ausdrücklich oder stillschweigend, *Akzeptanz* der nun einmal gegebenen Verhältnisse ganz obenan unter den bürgerlichen Tugenden. Er hat sich dabei jahrhundertelang der Stütze der christlichen Religion bedient, so als ob das nun einmal Gegebene eben deshalb auch dem Willen Gottes entspräche. Dazu mußte der christliche Glaube zwar in seinem Kern verdreht werden; aber das ist mit solchem Erfolg gelungen, daß der ursprüngliche Glaube weithin unbekannt geworden ist. Ich gebe nur ein, freilich zentrales Beispiel: Die dritte Bitte des Vaterunsers lautet: „Dein Wille geschehe, wie im Himmel so auf Erden.“ Jedermann versteht sie heute so, als hieße es: „Das Schicksal, das nun einmal auf uns zukommt, möge seinen Lauf nehmen; da es Gottes Wille ist, werde ich mich nicht widersetzen.“ Ein Denkansatz, der eher zur stoischen Philosophie paßt als zum biblischen Glauben! Die ursprüngliche Bedeutung der Bitte war eine *eschatologische*, ein drängendes Verlangen, daß der Wille Gottes endlich auch auf Erden geschehen möge (wie im Himmel schon jetzt). Und der Wille Gottes, die ganze Bibel zeigt es, ist Friede, „Schalom“, der ohne Gerechtigkeit nicht zu haben ist... Eben diese Bibel ist voll von Beispielen, wie Menschen sich dem „Schicksal“ in den Weg stellen, keine Ruhe geben, voll von drängendem Protest.

Die Verdrehung im Kern der Religion wirkt leider nach, auch da, wo man mit der Religion nichts mehr im Sinn hat, ja sie kaum mehr kennt. Elemente der „neutralisierten Religion“ sind in der Mentalitätsprägung der bürgerlichen Gesellschaft überall gegenwärtig, wenn auch ihrer lebendigen Mitte beraubt – man vergiftet sich an ihnen wie an Leichenteilen.

Also: widerstehen wir dem Trend zur resignierten Akzeptanz, bleiben wir beim „Nein“. Es sollte aber kein bloßes „Nein“ der Analyse bleiben, kein bloßes Kopfschütteln, aber dann doch achselzuckendes Nicht-einverstanden-Sein. Wir müssen uns die Fähigkeit zu einem gesunden Zorn erhalten und wiedergewinnen. Bloßes Besserwissen macht schlapp. Mir persönlich hilft es, mit den ganz normalen Betroffenen zu sprechen, die nicht so privilegiert sind wie eine Akademikerin; die unglaublichen täglichen kleinen Schikanen, denen die Massen ausgesetzt sind, den Skandal der Arbeitslosigkeit von denen selbst geschildert zu bekommen, die darin *sind.* Es ist, wie Wallraff immer wieder gezeigt hat und wie täglich zu erfahren ist, immer alles noch dreimal so schlimm, wie man gedacht hat. Mein arbeitsloser Freund Jürgen, 30 Jahre alt, Frau und zwei Kinder, der zweimal aus der Arbeit geflogen ist, bei der Neuen Heimat behaust usw., tut viel dazu, den Zorn lebendig zu halten und es mir unmöglich zu machen, das „Nein" zu verlieren.

## Von der Vision einer Gesellschaft, in der den Menschen ihr eigenes Leben gehört

Darüber ist viel nachgedacht worden, und wir wissen davon. Es sollte eigentlich keine Hexerei sein, die Welt so einzurichten, daß Menschen Menschen sein könnten. Aus der Vision heraus entstanden historisch und entstehen heute viele Experimente, mitten in den kapitalistischen Ländern, in denen Gruppen vorwegnehmend zu realisieren versuchen, wie ein anderes Wirtschafts- und Gemeinschaftsleben aussehen könnte. Ein großer Versuch wurde vor kurzem in „Konkret" geschildert: der sozialistische Konzern Mondragon im spanischen Baskenland. Dort, wo die Arbeitslosenquote bei 25% liegt, hat vor jetzt 30 Jahren ein Priester mit vier Männern ein paar kleine Paraffinschmelzöfen gekauft, die gemeinsam betrieben wurden und deren Erlös allen gemeinsam gehörte. Sie entschieden darüber, was mit dem Gewinn gemacht werden sollte, erweiterten allmählich den Bestand an Arbeitsmitteln und die Produktpalette, nahmen neue Mitarbeiter zu den gleichen Bedingungen auf – und legten das Fundament zu einem Konzern, der heute 171 Betriebe umfaßt, inklusive eigener Bank. Das Gefälle zwischen dem Einkommen des Bankdirektors und dem der Putzfrau darf nicht größer werden als 4:1, entlassen wird niemand; muß in einem Teilbetrieb rationalisiert werden, so werden die Mitarbeiter auf die übrigen Betriebe verteilt oder ein neuer mit ihnen begonnen. Braucht man für eine neue Fertigung einen Experten von außerhalb, den man hoch bezahlen muß, so darf dieser maximal ein Vierteljahr bleiben. Alle Beschlüsse über Löhne, evtl. Prämien, Neueinstellungen, neue Produkte etc. werden von der Belegschaftsversammlung gefaßt; Selbstverwaltungs-Sozialismus!

Was dort aufgebaut wurde, örtlich von großer Bedeutung ist und, wie schon die Fotos zeigen, den Menschen eine Menschen*würde* gibt, von der andere kaum träumen, das war nur möglich, weil eine Vision vorhanden war, ein Bild des Neuen, das in den Köpfen und den Herzen der Akteure lebte und darum konsequent und wohldurchdacht gemeinsam erbaut werden konnte.

„Vision", das bedeutet: die wichtigste Dimension im Leben wird die *Zukunft*. Aber nicht die Pseudozukunft des Lottogewinns, der *ohne* Vision nichts verändert (und vorher passiv macht), sondern die gemeinsam gestaltete mögliche Zukunft für alle.

„Ein Volk ohne Vision geht zugrunde", zitiert Dorothee Sölle aus der Bibel. Eine der schlimmsten Verdrehungen, die dem ursprünglichen Christentum angetan wurden, war die, das Reich Gottes ins Jenseits zu verlagern. Für ein Jenseits kann man nichts tun, man kann es sich weder vorstellen noch es gestalten, man ist in seinem Menschsein davon ausgeschlossen. Es hieß aber „Dein Reich *komme*" und „Dein Wille geschehe wie im Himmel so auf *Erden*". Mit der Vision eines Reiches des gerechten Schalom kann man leben. Die Christenheit mußte unvisionär und damit unkreativ werden, sobald aus dem Reich Gottes das Jenseits geworden war.

Ich möchte ein Gedicht von Dorothee Sölle vorlesen, das in dem Buch „Ein Volk ohne Vision geht zugrunde" enthalten ist.[121]

Sheila erzählt mir daß sie
am ostersonntag mal wieder zur kirche ging
sie wollte wissen denk ich mir
ob wir gründe haben
an auferstehung zu glauben
aus dem tod in dem wir jetzt sind

Ihre methode war einfach
sie las keinen alten text vor
sie paßte nicht sonderlich auf
sie fragte die teilnehmer einfach
wie denn die andere welt aussehen soll

Das schlimme sagt Sheila war nicht das lange schweigen
man hat den leuten das reden so lange verboten
das schreckliche war was dann kam
an liebe und solchem Gerede
da war keine vision sagt Sheila
sie hatten nichts konkretes zu wünschen

Meinst du nicht werfe ich ein
daß es nur ein sprachproblem war
aber das ist es doch sagt sie bestürzt
ohne vision das volk gottes ohne sprache

Und wenn mich etwas tröstet
in diesem gespräch nach ostern
und vor der ausgießung des geistes
dann war es die trauer in Sheilas stimme
und der schmerz in ihren augen

Was hier zum Ausdruck kommt, kennen wir gut aus der Arbeit an politischen Gottesdiensten, wie sie seit etwa 20 Jahren (seit den Anfängen beim Politischen Nachtgebet in Köln 1968-73) in Basisinitiativen, auf der Startbahn West, in Wackersdorf und in der Friedensbewegung gehalten werden. Was oftmals Schwierigkeiten bereitet, ist die Formulierung *konkreter* Bitten: Was wollen und brauchen wir wirklich als nächstes? Und wie soll das Ziel, das wir erreichen wollen, aussehen? Selbst in den Basisinitiativen kann es dabei vorkommen, daß vor „Utopien" gewarnt wird.„Utopie" ist zum Schimpfwort geworden, dafür hat der Einfluß der Herrschenden gesorgt. Denn ohne Utopie entsteht nichts Neues.

## Von der gemeinsamen Praxis

Wo nicht *nur* diskutiert wird (nichts gegen Diskussion!), sondern gemeinsam ein Stück Veränderung versucht wird, da werden ganz neue Erfahrungen gemacht, die wirklich durch nichts zu ersetzen sind. Ich denke, daß die Basisinitiativen zum wichtigsten Zukunftspotential gehören, das wir haben, eben wegen dieser Erfahrungen, die alle Beteiligten verändern. Da wird *gemeinsam* beraten und geplant, da wird die Arbeit aufgeteilt, jeder bringt, selbstbestimmt, das Seine; da wird über Erfolge und Mißerfolge kommuniziert. Ja, da entsteht ein ganz neues Verständnis für die unterschiedlichen Möglichkeiten der einzelnen: Bei der Gießener Friedensinitiative, die Jahr für Jahr die amerikanische Militärparade durch die Stadt behinderte und blockierte, bis sie sich endlich auf das Kasernengelände beschränkte, bei dieser Initiative gab es Mitglieder, die Angst hatten, sich vor die Panzer auf die Straße zu setzen; man sagte ihnen: Ihr braucht das nicht zu tun, stellt euch an den Straßenrand und beobachtet gut, was geschieht, wir brauchen auch Zeugen. Eine fast neutestamentliche Rücksicht auf die, die noch nicht so viel wagen, sich aber deshalb nicht diskriminiert sehen.

In vielen Gruppen entsteht, über die gemeinsame politische Praxis hinaus, aber *durch* sie, auch ein Stück Gegenkultur in Tanz und Lied und Spiel. Und wo sie Gottesdienste feiern, da werden diese wieder, was sie in der Urchristenheit waren: Vorwegnahme dessen, was kommt, Feier des Reiches Gottes schon jetzt. „Die Wüste wird blühen“, Pablo Nerudas Lied, ist in holländischen Basisgruppen und teilweise auch bei uns ein Standardlied von Linken geworden.

## Vom Anblick dessen, was schon gelingt, und von dessen Tradieren

Unsere bürgerliche Neigung zur achselzuckenden Resignation bringt es mit sich, daß wir meist eher die (zu erwartenden) Fehl- und Rückschläge registrieren als das, was schon gelingt.

Dadurch bestätigen wir zwar uns selbst in dem Wissen, wie schlecht diese kapitalistische Gesellschaft doch ist; aber wir werden weder stärker noch handlungsfähiger. Ich denke, wir müssen diesem Trend widerstehen, indem wir sehr bewußt wahrnehmen, was gelingt, und dies auch bewußt weitertragen. Es muß eine linke

Erzählkultur entstehen, die freilich die Schrecken nicht verschweigt, die Trauer über den Rechtsputsch in Chile, die Sorge um die Bedrängnis Nicaraguas, die Verzerrung des sogenannten „Sozialismus“ in Rumänien – die aber zugleich die Hoffnungszeichen nicht übersieht, im Großen wie im Kleinen. Es beschäftigt mich oft und gibt mir sehr zu denken, wie gerade in *den* Ländern, in denen die Linke heute leidet, wie wir alle es uns gar nicht vorzustellen vermögen (Chile, El Salvador, Guatemala), wie gerade in diesen Ländern Mut und Hoffnung immer wieder ihr Haupt erheben, immer neue Formen von Solidarität und gegenseitiger Stärkung gefunden werden. Ich nenne als ein Beispiel von vielen die Mütterkomitees, in denen Frauen, die Männer, Söhne und Brüder verloren, oft selbst mißhandelt wurden, weiterarbeiten und mit ihren so geringen Möglichkeiten es erreichen, daß in der Welt bekannt wird, was geschieht.

Ich persönlich habe mir, vor längerem schon, eine Art „*Hoffnungsmappe*“ angelegt, in der nicht Ideen und Wünsche, sondern Fakten gesammelt werden, die Mut machen. (Übrigens reicht eine Mappe schon lange nicht mehr aus; ich habe inzwischen einen Hoffnungs*schrank*, mit Abteilungen für Sozialismus, Bürgerrechte, Kampf um Abrüstung u.a.). Manchmal finden sich darin nüchterne Zahlen, ein Vergleich von China und Indien z.B.: China ernährt mit nur 7% des fruchtbaren Ackerlandes der Erde 25% der Menschheit, es gibt keine hungernden Massen mehr, *weil* der Grund und Boden nicht mehr Privateigentum ist. In Indien liest Mutter Teresa die Verhungernden von den Straßen Kalkuttas; ihr Tun in allen Ehren, aber: in China wäre sie arbeitslos. Brasilien andererseits hat nur 10% der Bevölkerung Chinas, bei etwa 90% der Bodenfläche Chinas; das Elend in seinen Slums ist weltbekannt. Die Überlegenheit des Sozialismus *ist* erwiesen. Kuba hatte, laut Feststellung der Organisation Amerikanischer Staaten (OAS), die besternährte und bestgebildete Bevölkerung ganz Lateinamerikas; der Zeitungsbericht darüber liegt in meiner Mappe. Das Ende der sowjetischen Solidarität und die Nichtbeendigung des Handelsembargos der USA wird dem leider jetzt ein Ende setzen.

Erfahrungen in Jugoslawien, die ich selber sammeln konnte, beziehen sich auf die so ganz andere Selbstauffassung maßgeblicher Politiker, als wir sie kennen; für die kleine Gruppe von „Christen für den Sozialismus", die zu Besuch kam, hatte der Ministerpräsident Sloweniens mehrere Stunden Zeit, hatte sich in eigenhändigen Ausarbeitungen auf unsere Neugier vorbereitet, sprach offen und konkret von den Problemen, die sich dem jugoslawischen Versuch, einen Sozialismus der Selbstverwaltung aufzubauen, in den Weg stellen. Was für andere Menschen entstehen bei dieser Vision! Natürlich liegt auch der Bericht von dieser Reise in der Mappe. Und die Erinnerung daran ist durch die neueren Entwicklungen **nicht** widerlegt.

Als die 10000 Frauen, die bei der Chase Manhattan Bank arbeiten, tagelang streikten und ihr Streikziel erreichten, – als die Österreicher Zwentendorf kippten oder Wyhl noch einmal wieder nicht gebaut werden konnte – als die schon totgesagte Friedensbewegung in Hasselbach in nie erwarteten Massen gegen die Cruise missiles demonstrierte – alles dies und vieles andere soll und muß in Erinnerung bleiben und weitererzählt werden, damit nicht vergessen wird, was möglich ist.

Für mich als Theologin ist natürlich vor allem das erstaunliche Erwachen der Christenheit Anlaß zu Hoffnung und Mut. Noch 1980 hieß es in der holländischen Friedensbewegung: „Unser größtes Handicap ist das Schweigen der westdeutschen Christen." Dann, 1981, beim Hamburger Kirchentag (außer Programm natürlich!) die Demonstration der 80000 gegen die Pershing II. Wenn man weiß, aus welcher Verquickung von Religion, Nationalismus und Militarismus wir historisch herkommen, gerade im deutschen Protestantismus, wo noch 1914 offiziell gesungen wurde: „Nun bebt vor Gott und Deutschlands Schwert...", wenn man weiß, wie ängstlich kirchenleitende Stellen und die meisten Pfarrer sich hüten, etwas gegen die Aufrüstung zu sagen (es gibt ja auch die großen Kirchensteuerzahler, die nicht verärgert werden dürfen!), dann ist dieser Aufstand der kirchlichen Basis schon fast ein Wunder. Aber es gab ihn und gibt ihn, und es lohnt sich, im Gedächtnis zu behalten und zu erzählen, wie es dazu kam.

Mir wird immer wichtiger, daß die ganze Bibel kein Lehr-, sondern ein Erzählbuch ist. Und ich denke, sie muß fortgeschrieben werden. Ohne Angst vor Personenkult muß auch von den „Zeugen" berichtet werden, jenen einzelnen, an denen man erfahren kann, was Menschen möglich ist. Oscar Romero und Elisabeth

Käsemann, Rosa Luxemburg und Martin Luther King, die vielen einzelnen widerstehenden Männer, Frauen und Gruppen, deren Leben und Schicksal längst publiziert sind, gehören ins linke Erzählen. Wir können es uns überhaupt nicht leisten, an ihnen vorüberzugehen, unsere bürgerliche Resignation zu kultivieren und darüber den Zeitpunkt zu versäumen, an dem *wir* dran sind, dem Beispiel der Zeugen zu folgen und Fakten zu setzen, die, ob groß oder klein, für den Fortschritt des Ganzen notwendig sind.

## Fehlt noch etwas?

In alledem, wovon ich gesprochen habe, ist bereits enthalten, wovon doch noch ausdrücklich gesprochen werden muß, weil es bei den Linken leicht übersehen wird. Ich meine die *radikale Individualität des einzelnen.* Wohl haben wir verstanden, in welchem Maße der einzelne Mensch durch die gesellschaftlichen Verhältnisse geprägt wird; das aber hebt die Individualität nicht auf, wird vielmehr zur Situation, sozusagen zum Material, mit dem der einzelne sich auseinanderzusetzen hat. Sartre sprach von der „Exklave", die der einzelne inmitten des von ihm gewählten Denk- und Lebenszusammenhanges sei: der Kommunist ist nie *nur* Kommunist, so führt er aus, sondern er „weiß", daß er auch eine andere Wahl hätte treffen können. Die in einer Gesellschaft bereit liegenden Möglichkeiten, auch das ist ein Bild, das Sartre braucht, sind gewissermaßen der Humus, auf dem die Pflanze der einzelnen Existenz wächst; sie selbst ist etwas anderes, etwas „für sich".

Sie haben eine linke Theologin eingeladen; so müssen Sie mir erlauben, hier von Gott zu reden. Ich will dies in atheistischer Sprache tun. Was leistet der Gottesbegriff? Ich denke, vor allem eins: er läßt nicht zu, daß irgendetwas innerweltlich Antreffbares absolut gesetzt wird. Es gibt keinen Führer, der immer recht hat, auch keine Partei; keine Lehre, die immer richtig wäre, kein Buch und kein Lehramt, das absolut Wahrheit setzt. Es ist da gewissermaßen eine offene Stelle, Kehrseite der Kontingenz des gesamten Seienden. Diese „offene Stelle" ist die Quelle der Freiheit des einzelnen. Durch sie kommt der Atem der Zukunft herein, der Ruf zum Leben. Wir sind *nicht* die Herren des Ganzen, die vom Standpunkt einer überlegenen Lehre her das Ganze „im Griff" hätten. Wir sind nicht „drüber" über der gesamten Wirklichkeit, sondern wir sind „drin". Aber es erreicht uns der Ruf der Zukunft. Wir nennen ihn: die Stimme Gottes.

Die Freiheit, die der einzelne dadurch gewinnt, war schon immer der Schrecken der Herrschenden. So betrieben sie mit Intensität die Ideologiewerdung des Christentums – dem nichts Schlimmeres als das geschehen konnte. Alle Verdrehungen im einzelnen, von denen ich gesprochen habe, hängen genau damit zusammen: das Christentum selbst sollte zur absolut richtigen Lehre ausgebaut werden und die „offene Stelle" verschließen. Damit wird zugleich dem einzelnen die Realisierung seiner eigensten Freiheit verstellt.

Wer sie gefunden hat, diese Freiheit, dem ist nicht mehr beizukommen. Deshalb können „Dissidenten" durch Gewalt zwar kaputt gemacht, aber nicht überzeugt werden: „Es denkt an der Basis", wie Rudolf Bahro in seinen frühen Tagen formulierte.

Ich denke, daß wir Linken in der manipulierten Gesellschaft, in der wir leben, Anwälte der radikalen Individualität des einzelnen (in anderer Sprache könnte ich auch sagen: der Menschenwürde) sein müssen. Das bedeutet gerade *nicht* permissive Beliebigkeit der Standpunkte. Wo der einzelne ernst genommen wird und sich selbst ernst nimmt, da kann klar argumentiert und eindeutig Position bezogen werden. Die Option für eine Gesellschaft, in der die Massen (nicht nur ein paar Privilegierte) als *Menschen* leben können, werden wir uns nicht nehmen lassen; ich erinnere an das „Nein" im ersten Abschnitt dieses Referats. Aber über den kurzen Weg, die Massen mit einer neuen, nunmehr vermeintlich richtigen Doktrin beherrschen zu wollen, ist nichts wirklich Neues zu erreichen. Von den Erfahrungen der Massen zu lernen, mit ihnen zusammen an der Befreiung von Manipulation, und damit langfristig an der Veränderung der realen Verhältnisse zu arbeiten, das erfordert langen Atem.

Religion, die zu sich selbst befreit ist, macht dies leichter.

*Quelle:*
Junge Kirche 49. Jg., Heft 1/1988

## GEDANKENSPIELE ZUM THEMA **SELBSTVERWIRKLICHUNG** ODER AUCH:

### Von Latschenkiefern und Regenwürmern

1. „Selbstverwirklichung ist ein Ideal von Vollidioten". So äußerte sich Bazon Brock, Professor der Ästhetik in Wuppertal, in einem Interview der Frankfurter Rundschau[122]. Er begründete das damit, daß in der eigenen Person alles Böse, das in der Welt je geschehen ist, als Möglichkeit vorfindbar sei; daß es also gelte, Teile des Selbst zu „fesseln", damit diese Möglichkeiten sich nicht realisieren.

Wir lernen (oder lernen **wieder**, denn als Christen haben wir es längst gewußt): Selbstverwirklichung muß selektiv sein. Wer setzt die Prioritäten?

2. Selbstverwirklichung sei in dieser Gesellschaft nicht möglich, hört man immer wieder, besonders von jungen Linken. Bezugspunkt ist oft Adorno: „Es gibt kein richtiges Leben im falschen." Gesellschaftliche Hindernisse von außen (die unseren Wünschen Grenzen setzen) und von innen (durch manipulative Eingriffe der Gesellschaft ins Selbst) werden benannt. Idealbild ist offenbar ein Selbst, das sich nach allen Seiten frei entfalten kann – wie eine Gartenkiefer, auf freien Raum gesetzt und gut gedüngt.

Wir lernen: Offenbar besteht da, wo nach Selbstverwirklichung gefragt wird, gutenteils das Ideal einer Autarkie des Selbst. Abgesehen davon, daß man fragen muß, für wie viele Menschen in einer Massengesellschaft (sie sei im übrigen eingerichtet, wie sie wolle) ein solches Ideal erreichbar wäre: es scheint falsch zu sein. Denn es hindert diejenigen, die danach verlangen, Selbstverwirklichung in ihrem konkreten Leben zu erfahren. Worin besteht der Fehler?

3. Erster Versuch eines theologischen Zugangs:

„An der Latschenkiefer lernt ein Gleichnis": Sie wächst im Geröll, hat wenig Boden zur Verfügung, ist dabei Sturm und Wetter, starkem Frost und starker Sonne ausgesetzt. Sie krallt sich fest, ihr Holz wird zäh und stark und ihre Wurzeln tief; man kann sich an ihr halten im Geröll. Ihre Nadeln entwickeln ein starkes

Aroma, Heilkräfte sogar. Ihre Formen sind oft bizarr, zeugen vom Kampf ums Überleben, sind eigenwillig-schön.

Die Gartenkiefer: ihr Holz splittert, niemand könnte sich daran halten; Aroma und Heilkraft fehlen. Ihre Formen sind gleichmäßig-schön – und uninteressant.

Ist diese Gesellschaft wie Geröll, nahrungsarm für das Selbst und haltlos? Dann wollen wir der Latschenkiefer gleichen. Ihr Wille zum Leben befestigt den Boden, dient anderen und gibt ihr selbst ihre unverwechselbare Schönheit.

Geschöpf sein heißt: den Boden annehmen, den wir zur Verfügung haben. Hier werden wir wachsen und durch unser Dasein Veränderungen schaffen.

4. Zweiter Versuch, theoretischer gefaßt:

Wir bedenken neu, was unsere Religion zum Thema „Selbst" zu sagen hat. Sie denkt es, scheint mir, als radikale Subjektivität. Aber sie behauptet gerade nicht, daß uns diese unsere Subjektivität so ohne weiteres zur Verfügung stände, naturwüchsig sozusagen. Im Gegenteil, ich kenne mich nicht und immer wieder nicht. Das gilt nicht nur im Spätkapitalismus mit seiner Manipulation des Selbst- und Fremdbildes, ist also nicht nur gesellschaftlich bedingt (das auch, natürlich). Religion meint mehr. Nämlich erstens die objektiv unerreichbare Tiefe des personalen Seins („individuum est ineffabile"), aus der wir kommen, die wir aber nicht „in den Griff kriegen". Mystik in allen Religionen ist eigentlich der Versuch, mehr in die Tiefe der eigenen Person hineinzukommen, bis „in des Herzens Grund", wie Meister Eckehard sagt. Abgesehen von dem im engeren Sinn Religiösen bringt uns vor allen Dingen die Liebe in Berührung mit den Tiefen unseres Seins. Wenn wir lieben, sind wir sehr weit „offen" – und darum sehr verletzbar. „Leiden" aus verletzter Liebe ist eine der „subjektivsten" Erfahrungen, die es gibt. Daß es tödlich sein kann (nicht nur auf dem Wege des Suicids), ist bekannt. Das Verarbeiten kommt erst allmählich in Gang …

Aber zweitens: Die christliche Religion bringt das Sich-selbst-nicht-Kennen nicht nur mit der Personalität des Menschen in Zusammenhang; sie bringt es vor allem in Zusammenhang mit dem, was sie „Sünde" nennt. Sünde ist: Verweigerung von Beziehung, Autark-sein-Wollen.

Sich selbst als Person zu erfahren, das ist, christlich gesehen, nur möglich durch Zuwendung, erfahrene nämlich. Ich erkenne mich, weil ich erkannt bin. Womit wir denn in der Nähe von „Gnade" wären... Sie eröffnet Zukunft, „je mir", und so „uns".

5. Dritter Versuch, wieder praktischer:

Wie gelangen wir aber dazu, „Beziehungen" zu haben, die diese Qualität besitzen? (Jugendliche drücken das so aus, daß sie nach jemandem suchen, „der sich wirklich für mich interessiert").

Die einfältige Antwort unserer Religion lautet, daß wir „da" sein sollen für die anderen[123], im beruflichen, politischen, persönlichen Bereich. Wir sollen antreffbar, erreichbar sein, ansprechbar auf das Notwendige hin. Wir werden dabei viele Fehler machen (z.B. das „Helfersyndrom") und daraus lernen. So stiftet sich Vertrauen, so wachsen Beziehungen; so „werden" wir.

Selbstverwirklichung geschähe also gewissermaßen nebenbei, wie aus Versehen mitlaufend, jedenfalls als Thema lange nicht bemerkt – indem wir „in der Fülle der Aufgaben, Fragen, Erfolge und Mißerfolge, Erfahrungen und Ratlosigkeiten leben – dann wirft man sich Gott ganz in die Arme"[124]? So scheint es zu sein. Und die Selektion dessen, was wir in uns „verwirklichen" dürfen und was nicht, ergäbe sich aus den Notwendigkeiten?

Ja, so scheint es zu sein. Alles ist erlaubt, aber nicht alles baut Zukunft, meint Paulus.

6. Vorläufiges Fazit

Das Notwendige zu tun, kann heute sehr frustrierend sein. Man sieht keine raschen Erfolge, im Großen schon gar nicht. Eben damit mag die Resignation so vieler junger Linker zusammenhängen.

Sind wir vielleicht des lieben Gottes Regenwürmer, die den Boden lockern müssen, damit hier später etwas Richtiges wachsen kann? Falsche Lehren (eine traditionelle Theologie der Akzeptanz, ein gesellschaftliches Ideal der Autarkie) haben dem Boden alle Luft genommen, ja ihn teilweise wie zu Beton gemacht. Regenwürmer mit Betonköpfen also? und das soll für einen Menschen genug sein?

Sei's drum: es ist notwendig. Und vielleicht liegt im Alter die Erfahrung für uns bereit, daß es für uns wirklich genug war, am

Notwendigen gestanden zu haben. Im Beton ersticken die Menschen. Einigen von ihnen Luft geschafft zu haben, so daß sie selbst nun weiterbohren können, das schenkt uns die Beziehungen, aus denen wir selber leben.

Der Herr der Regenwürmer verwirklicht uns als Menschen.

*Quelle:*
Junge Kirche 49. Jg., Heft 6/1988

## HERZEN AUS STEIN

### Meditation an der Gedenkstätte Palmiry bei Warschau (9.10.1987)

Im Oktober 1987 fand eine Polenreise des Vereins „Zeichen der Hoffnung - Znaki Nadziei. Evangelische Initiative für eine bessere Zukunft von Polen und Deutschen e.V." statt. Der Verein hat sich innerhalb der Evangelischen Kirche in Hessen und Nassau vor zehn Jahren gebildet, als ein Mitglied der Kirche entdeckt hatte, in welch bedrückender Armut und Hoffnungslosigkeit alt gewordene Opfer der deutschen Zwangsherrschaft 1939-1945 in Polen leben, ehemalige Häftlinge der Konzentrationslager und Gefängnisse, ehemalige Zwangsarbeiter, denen Entbehrungen, Folterungen, Verstümmelungen bleibende Gesundheitsschäden an Leib und Seele zugefügt haben. Ihnen fehlen die benötigten Medikamente, und mit kleinen Renten halten sie sich nur mühsam am Leben. Der Verein „Zeichen der Hoffnung" sucht mit seinen leider nur bescheidenen Mitteln zu helfen; Namen solcher, die Hilfe brauchen, werden ihm vom Polnischen Ökumenischen Rat genannt; Medikamente gehen an die Ökumenische Apotheke in Warschau. In den Anfangsjahren kam es vor, daß Polen sich weigerten, Hilfe von Deutschen anzunehmen. In der Zwischenzeit konnte Vertrauen und teilweise Freundschaft aufgebaut werden, nicht nur durch die uns möglichen Hilfen, sondern vor allem durch Besuche bei Gemeinden und persönliches Kennenlernen einiger der Leidenszeugen.

Die diesjährige Reise des Vereins führte durch Nordpolen (u. a. Danzig, Marienburg, Masuren) und nach Warschau. Außer den bewundernswert wiederaufgebauten Städten und Burgen besuchten wir Stätten des Terrors: Konzentrationslager und das berüchtigte Pawiak-Gefängnis in Warschau. Hier führte uns ein alter Pole, der als Neunzehnjähriger von der Straße weg verhaftet und hier eingeliefert worden war; eine deutsche Frau brach ihm während des Verhörs das Handgelenk und hieb ihm einen Daumen ab. Da er unsere entsetzte Anteilnahme spürte, erzählte er mehr als sonst, bis ein Tränenausbruch es ihm unmöglich machte weiterzusprechen. Er begleitete uns dann auf der Fahrt nach Palmiry.

Palmiry gehört zum „Todesring um Warschau", Hinrichtungsstätten in den Wäldern, zu denen Häftlinge aus dem Pawiak-Gefängnis hinausgefahren wurden. Es waren Intellektuelle aus Warschau und den Dörfern und kleinen Städten der Umgebung, Ärzte, Rechtsanwälte, Lehrer, Professoren, Geistliche beider Konfessionen, die hier ermordet wurden – Teil des Liquidierungsprogramms, mit dem das polnische Volk seiner intellektuellen Führungsschicht beraubt werden sollte, um dann der Herrenrasse als Helotenschicht zu dienen. Man sagte den Häftlingen, daß sie in ein Konzentrationslager überführt werden sollten, was angesichts der Überfüllung des Gefängnisses (dreißig Leute in Zellen, die für drei gebaut worden waren) schon eine Erleichterung schien; sie durften persönliche Habseligkeiten und sogar eine Brotration extra mitnehmen, um so über den Zweck ihrer Wegfahrt getäuscht zu werden. Erst als die Lastwagen von der Landstraße in den Wald abbogen, schöpften manche Verdacht und suchten auf ihre Spur zu lenken, indem sie kleine Besitztümer, Briefumschläge, Gebetbücher mit ihrem Namen aus dem Wagen warfen. Sie wurden an der Hinrichtungsstätte erschossen und in Massengräbern verscharrt.

1946 wurden die Gräber aufgefunden. Polnische Waldarbeiter hatten die Stellen unter Lebensgefahr gekennzeichnet, indem sie nach Abzug der jeweiligen SS-Einheit Patronenhülsen in die Bäume der Umgebung einschlugen. Die Überreste der Opfer wurden exhumiert und soweit möglich identifiziert; manchmal half dabei der Zustand des Gebisses, das Ausbrechen von Zahngold war damals, 1939/40, noch nicht in Übung gekommen. Polen gab jedem der Opfer sein persönliches Grab mit einem Gedenkstein, mit oder ohne Namen, in Kreuzesform oder mit Davidstern, falls bekannt war, daß es sich um einen jüdischen Menschen gehandelt hatte: zornige Rückerstattung ihrer Menschenwürde, nachdem sie wie Ungeziefer vernichtet worden waren. Es entstand ein Ehrenfriedhof, sorgfältig gepflegt, mit langen Gräberreihen; 1700 Opfer waren es in Palmiry. Die Schönheit des Waldes im goldenen polnischen Oktober, besonders der Ahorne, die das weite Rechteck wie eine Mauer aus Glut umgaben, verstärkte den Charakter des zornigen Protests und kontrastierte dermaßen mit dem Entsetzen über das, was Niedertracht hier angerichtet hatte, daß man es kaum ertrug.

An dieser Stätte sollte ich eine Meditation halten. Ich habe es versucht:

Liebe Freunde,
ich lese einen Abschnitt aus dem Bericht von Prof. Bartoszewski in seinem Buch „Der Todesring um Warschau"[125].

„Der eigenartige Ordnungssinn der SS-Schergen fand in verschiedenen technischen Verbesserungen bei der Ausführung der Hinrichtungen seinen Ausdruck. So wurden z. B. die Verurteilten entlang der Grube aufgestellt und hinter ihren Rücken eine lange Stange oder Leiter angebracht. Nachdem die Salve verklungen war, ließen die Deutschen diese Stütze los, und die Leichen fielen schön ordentlich in das Grab (in einigen Gräbern wurden im Jahre 1946 bei der Exhumierung solche Stangen vorgefunden). Die nächste Gruppe wurde an derselben Stelle erschossen, so daß die Leichen eine neue Schicht bildeten. Die vollen Gruben schaufelten die Deutschen zu, tarnten sie vorsorglich mit Moos und Kieferästen und pflanzten dann in der Lichtung schnurgerade Reihen junger Kiefern an . Danach fuhren sie ab, überzeugt, daß alles gut durchdacht war und die Wahrheit nie an den Tag kommen würde. An die Familien der Ermordeten sandte die Gestapo kurze Mitteilungen, wobei sie manchmal Herzschlag, meist aber keine Ursache angaben."

Immer wieder stehen wir fassungslos vor Berichten dieser Art. Die SS-Leute, Polizei- und Gestapokräfte, die solche Dinge taten, waren keine wüsten Chaoten, die um sich schlugen und in einer Art von Blutrausch Menschen töteten. Nein, sie erledigten ihre Arbeit fein säuberlich und mit Bedacht. All die kleinen Tugenden, für die wir Deutschen bekannt sind, die wir unseren Kindern einzuprägen suchen und an unseren Mitarbeitern schätzen, wie Pünktlichkeit, Genauigkeit, Zuverlässigkeit im Dienst, Ordnungssinn und gute Arbeitsorganisation – alle diese Tugenden beherrschten diese Täter bis zur Perfektion. Handelte es sich um Dinge, mit denen sie umgingen, etwa um die Arbeit in einem Materiallager, so könnte man nur anerkennend sagen: „Gute Arbeit geleistet."

Aber es handelt sich nicht um Dinge. Es handelt sich um das Beseitigen von Menschen.

Die Eiseskälte, mit der sie diese Erkenntnis, daß es sich um Menschen handelt, von sich fernhalten, die ist es, die uns fassungslos macht. Sie scheinen unfähig zu jedem menschlichen Empfinden; sie funktionieren wie Maschinen, reibungslos.

Wir hatten wohl im christlichen Bürgertum, in dem wir einigermaßen abgesichert leben konnten, nicht wirklich erfaßt, wie böse das Böse sein kann. Wir haben das Böse unterschätzt. Wir hatten nicht verstanden, in welchem Ausmaß eine menschliche Seele zerstört werden kann, so daß sie zum Bösesten fähig wird und zugleich unfähig, es noch als Böses zu erkennen.

Die Bibel weiß davon. Sie redet davon in verschiedenen Bildern; eines möchte ich zitieren, weil es so sprechend ist:

Wir lesen bei Hesekiel in Kap. 36: „So spricht der Herr: Ich will das steinerne Herz aus euch wegnehmen und euch ein fleischernes (d. h. ein empfindendes) Herz geben; ich will meinen Geist in euch geben und solche Leute aus euch machen, die in meinen Geboten wandeln, daß sie danach tun."

Das steinerne Herz – das ist ein gutes Bild für das, was uns erschreckt an diesen Schergen. Aber: gilt es nur von ihnen? Gilt es nicht auch von denen, die die Augen abwandten, als der jüdische Arzt, der Gewerkschafter von gegenüber ohne Recht und Urteil abgeholt wurden? Warum gab es nicht einen Wall von Christen, die sich vor die Opfer stellten und nicht zuließen, daß man sich an ihnen vergriff? Es gab eine ganze Nation, die wegsah. Aber auch Wegsehen ist eine Äußerungsform des „steinernen Herzens".

Es gab auch das andere. Ein südfranzösisches Dorf hat 2500 Menschen zur Flucht über die spanische Grenze verholfen, bis dann der ganze Zorn der Nazi-Besatzer sie traf; Dänemark hat seine Juden zum größten Teil über die See gerettet; einzelne Familien bei uns wagten es, Verfolgte zu verstecken, Juden und andere. Aber es waren nur wenige. Ein ganzes Volk sah weg. Der eigentliche Gegensatz zur Liebe, so sagt Martin Luther King, ist nicht der Haß, sondern die Gleichgültigkeit gegenüber dem anderen. Herzen aus Stein.

Wie kam das? Wie konnte uns das passieren? Ich denke, auch wir hatten, seit Generationen schon, gelernt, daß jene kleinen Tugenden, von denen ich sprach und die die SS-Leute so hervorragend beherrschten, das Wichtigste seien im Leben. Pflichterfüllung im

Sinne des säuberlichen Abhakens all der kleinen Alltagspflichten schien wichtiger zu sein als Liebe. Die warme, erfinderische, schöpferische Kraft der Liebe stört den „reibunbgslosen Ablauf". Sie ist an etwas anderem interessiert, am Lebenkönnen des anderen Menschen, an seiner Freude, seiner Zukunft, vor allem: an seiner Würde.

Menschenwürde hochzuhalten, die eigene zuerst, dadurch dann die der anderen – darin haben wir Nachholbedarf. Ein Mensch ist niemals dazu da, einfach Pflichten abzuhaken; er ist selbst von unendlichem Wert.

Es ist mir einmal wichtig gewesen zu entdecken, daß es das Wort „Pflicht" in unserem Sinn in der ganzen Bibel nicht gibt. Dafür steht da umso mehr von Liebe, von Gerechtigkeit und Barmherzigkeit, die oft zusammen genannt werden: weil ja Gerechtigkeit in der Bibel nicht heißt, einem Menschen zu geben, was er verdient, sondern was er braucht. Gerechtigkeit und Barmherzigkeit sind zwei Worte für dieselbe Sache.

Die „kleinen" Tugenden, von denen wir gesprochen haben, sind nur dann gut, wenn sie im Dienste einer guten Sache stehen. Sie sind kein Selbstzweck, sie sind erst recht nicht das Wichtigste im Leben. Sonst ersticken sie die Fähigkeit zu unterscheiden, zerstören nicht nur die Opfer, sondern die Täter zuvor.

Die Vergangenheit, auf die wir hier gestoßen werden, ist nicht vorbei. Sie kann auch nicht „bewältigt" werden (das ist ein ganz irriges Wort); wir können uns nur an ihr abarbeiten, unser Leben lang. Das bedeutet nicht nur, daß wir für unsere eigene Person umlernen, ein Leben lang, Menschenwürde, Gerechtigkeit und Barmherzigkeit einüben, die Abhakmentalität verlernen; es ist viel mehr notwendig. Denn die entsetzliche Vergangenheit ist Gegenwart in unserem Volk. Psychiater berichten, daß die Kinder der Täter, die nach dem Krieg geboren wurden und jetzt in der Mitte ihres Lebens stehen, in zunehmendem Maße in Therapien kommen, weil sie in früher Kindheit emotional geschädigt wurden durch die Ausstrahlung ihrer Eltern. Die Tat verändert den Täter; wir hatten das fast vergessen. Auch Wegsehen verändert den Wegsehenden; er bleibt nicht der lebendige Mensch, der er war. Es ist ein Wunder nötig, wenn er oder sie sich selbst wieder finden soll. „Ich will das steinerne Herz von euch nehmen", so lautet die

Verheißung, „ich will euch den Geist geben, der lebendig macht." Es ist unsere einzige Hoffnung, und sie fordert, daß wir sie hereinlassen. Denn schon wieder geschieht in unserer Welt Entsetzliches, wüten Folter und Mord; und indirekt sind wir wieder darein verwickelt. Die Toten, die hier liegen, können wir nur ehren, indem wir selbst zu neuen Menschen werden, die heute wirken.

*Quelle:*
Junge Kirche 50. Jg., Heft 9/1989

Die Kirchen reden von Gnade; es ist ihr zentrales Thema. Ihre Hörer aber sind der Ansicht, daß man dieses zentrale Thema allenfalls in der Sterbestunde brauche. Dann, wenn alle Entscheidungen gefällt, alle Tränen geweint, alle Freuden, die erreichbar waren, genossen sind. Für den Fall, daß dann tatsächlich noch etwas kommen sollte...

Deutlicher kann man das Fiasko der Kirchen wohl nicht beschreiben. Was sie zur Hauptsache erklären wollen, erscheint den Menschen so überflüssig wie kaum ein zweites Thema. All die Mühe, die Sonntag für Sonntag, jahraus, jahrein, darauf verwandt worden ist, Gnade anzubieten, scheint völlig vertan zu sein. Die Hörer dieses Angebots wissen nichts damit anzufangen.

Ich bat zwei Gymnasialklassen, die sechs wichtigsten Themen des Christentums zu notieren. Sie sollten sich vorstellen, ein buddhistischer Lehrer an einem Gymnasium in Tokio wolle seine Klassen über die Religion Europas informieren. Welche Punkte müßte er unbedingt behandeln? Was kam, war fast bei allen gleich: Die zehn Gebote wurden genannt, die Nächstenliebe, der Glaube an ein höchstes Wesen und an ein Leben nach dem Tode. Die Gnade kam nicht vor. Jesus übrigens auch nicht. Moral und Gott und Jenseits, das war die Essenz. Und die jungen Leute, die ich befragte, Mädchen dieses Mal, gehörten alle zur Kirche.

Es gibt noch andere Beweise. Bertold Brecht wurde christlich erzogen. Seine Erfahrungen bringt er in dem Gedicht vom „Kerl in Violett" zum Ausdruck: Gott scheint nichts anderes zu tun zu haben, als die Menschen von Kindertagen bis zum Tode zu belauern, ob sie auch nichts Verbotenes tun, und ihnen jegliches Vergnügen zu vermiesen. „Und hast du eine Freude, und singst du noch so leis, er hat eine kleine Orgel, drauf spielt er Trauerweis."

Ein Gott aber, der dem Menschen selbst nichts gönnt – und dabei auch noch verlangt, daß er zum anderen, dem sogenannten Nächsten, immer nett sein soll – ein solcher Gott kann wohl nur Widerwillen wecken – oder Angst.

Psychoanalytiker berichten, daß die Frommen unter ihren Patienten sich vor den übrigen vor allem durch eines auszeichneten, nämlich durch ein besonders hohes Quantum an unbewußter Angst. Nicht selten ist diese die Ursache ihrer Erkrankung. Paßt das zu einer Religion der Gnade?

Alexander Mitscherlich bezeichnete die Kultur, in der wir leben, als „Schuldkultur": Schuldempfinden und die Überzeugung von einer grundlegenden Schlechtigkeit des Menschen prägen unser Denken. Diese Kultur aber wurde entscheidend durch die Kirchen mitbestimmt. Haben sie, haben wir, die Amtsträger der Kirchen, statt Gnadenbewußtsein Schuldbewußtsein verkauft?

Wir können fortfahren. Es ließe sich Zeugnis an Zeugnis reihen dafür, daß der Kern des Christentums unbekannt ist. Die Gnade wurde „vermauert".

Sie wurde es so sehr, daß selbst der Theologe Mühe hat, sie wiederzuentdecken. Denn die Quelle des Glaubens, die Bibel, ist ja von der Vermauerung schon mitbetroffen: Irrtümer und Vorurteile von Jahrhunderten haben sich zwischen sie und uns geschoben. Bemüht man sich, sie zu durchbrechen und möglichst unverstellt zu Gesicht zu bekommen, was die Bibel meint, dann macht man als erstes eine wirklich verblüffende Entdeckung: Das Wort, das wir mit „Gnade" übersetzen, heißt ursprünglich soviel wie „Anmut", „Grazie", „Charme". Vom „Charme" Gottes war die Rede, und dieser Ton klang mit in jedem Satz, in dem wir „Gnade" lesen!

Wo nur haben *wir* unsere Schuldkultur her? Wie konnte der Eindruck entstehen, als sehe dieser Gott zerknirschte Sünder gern, als habe er keine Ruhe, bis er jeden glücklichen, seines Lebens frohen Menschen in einen solchen zerknirschten Sünder verwandelt habe?

In der Bibel liegt, wenn es um Schuld geht, der Akzent ganz anders: auf der *Befreiung* vom Schuldgefühl. „Dir sind deine Sünden vergeben", so hören wir Jesus sagen. Und es gehen dem keine Szenen voraus, in denen die Angeredeten erst einmal herabgesetzt oder hämisch entlarvt worden wären. Im Gegenteil: Die Menschen zu verklagen, das ist in der Bibel das Werk des Satans. „Satan" heißt eigentlich „Ankläger", „Staatsanwalt". Im Buche Hiob wettet er mit Gott, daß die Menschen nichts taugen, auch Hiob nicht, der durch und durch gut zu sein scheint. Satan ist sicher, daß das nur

Schein, Berechnung ist, um den Vorteil göttlichen Wohlgefallens auf sich zu ziehen; Gott wettet, daß die Güte Hiobs echt sei. Gott wettet *für* den Menschen – und er behält am Schluß des Buches recht. Satan ist Satan, weil er dem Menschen keine Chance gibt, weil er ihn schlecht macht, verachtet und haßt. Manchmal kommt man auf den entsetzlichen Gedanken, die abendländische Überzeugung von der hoffnungslosen Bosheit des Menschen sei nichts anderes als die Machtergreifung Satans – mitten *in* der Kirche.

In der Bibel herrscht Jubel, „weil der Verkläger unserer Brüder verworfen ist, der sie verklagte Tag und Nacht vor unserem Gott". So steht es in der Offenbarung Johannes. Die Grundlinie der Christuslehre ist gerade die, daß Schuld *beseitigt* sei – durch den Charme, die zauberhafte Kraft der herzlichen Zuwendung Gottes, der selber sühnt, was wir nicht aufzuheben vermögen.

„Wer will uns beschuldigen? Gott ist hier, der gerecht macht", schreibt der Apostel Paulus.

Das ist die fremde Religion, das vergessene Christentum, die vermauerte Gnade. Die Frage ist nur: Was ist eigentlich geschehen, daß sie vergessen werden konnte – zumal die Bibel überall Grundlage der Predigt ist? Wie konnte gerade das Kernstück verloren gehen, das Gottesbild entstellt, der Mensch diffamiert, die Gnade an den Rand gedrängt werden?

Ganz sicher ist, daß es sich hier nicht um ein gewöhnliches Vergessen handeln kann, etwa als Folge eines schlechten Gedächtnisses. Weit eher, so scheint mir, handelt es sich um ein Musterbeispiel für das, was psychoanalytisch „Verdrängung" genannt wird: ein unbewußtes Nicht-mehr-wissen-Wollen von an sich Bekanntem. Verdrängung aber ist ein Abwehrmechanismus. Bewußtseinsinhalte, die unerträglich sind, werden unter die Bewußtseinsschwelle verbannt. Was macht den Gott der Gnade unerträglich?

Die Antwort sollen wieder junge Menschen geben: Unerträglich ist er, weil es ihn nicht gibt. Damit ist nicht einfach ein Zweifel an der Existenz eines höchsten Wesens gemeint; es geht um mehr. „Die Welt sieht nicht nach einem Gott der Gnade aus." „Wo kommt das denn mal vor, daß man Verständnis findet, wenn man etwas falsch macht?" „Die Kirche gibt einem davon nur die Idee, aber nicht die Sache selbst."

Ich glaube, daß in diesen Schülerantworten der Schlüssel zum Elend des Christentums liegt. Was die Kirchen sagen, ist zu schön, um wahr zu sein; das Erlebnis ist das bloßer Worte, wovon nichts der Wirklichkeit entspricht, eines frommen Betruges also, und infolgedessen einer tiefen Frustration. Denn das, wovon die Kirchen reden, würde so nötig wie nichts anderes gebraucht – *wenn* es es gäbe.

Gibt es *es* denn nicht? Nun, wir brauchen uns nur umzusehen in unserer vom Christentum mitgeprägten Welt. Kann etwa ein Erwachsener in dieser unserer Welt es wagen, einen Fehler offen zuzugeben? Was würde aus dem Beamten, dem Angestellten, dem irgendwo im öffentlichen Leben Tätigen, wenn er es täte? Wer kann sich zu einem Irrtum, einem Formfehler bekennen, ohne daß er „sein Gesicht verlöre", ohne daß eine Aktennotiz über sein Versagen oder zumindest ein schlechter Eindruck mit ihm liefe durch sein ferneres Leben? Wir *machen* aber immer wieder Fehler; und so sind wir gezwungen, mit Masken zu leben, Fehler zu bemänteln oder, allzu häufig, nach unten abzuwälzen. Wer anders handelt, der riskiert den beruflichen Selbstmord – oder er hat, in seiner speziellen Umgebung, außergewöhnliches Glück gehabt.

Die Kirchen unterscheiden sich in dieser Hinsicht nicht von der sie umgebenden Welt. Im Gegenteil: Wird die Ehe eines kirchlichen Mitarbeiters geschieden, so hat er eher größere Schwierigkeiten als sein Kollege in der „Welt". Und daß der „oben" recht hat, der „unten" dessen Fehler ausbaden muß, das ist in der Kirche nicht weniger üblich als anderswo.

Müßte aber der Gott der Gnade nicht abzulesen sein am Verhalten derer, die an ihn glauben?

Die frühe christliche Gemeinde hat es so gemeint. Im Neuen Testament steht der Appell: „Wenn jemand bei euch von einem Fehler übereilt würde, helft ihm freundlich darüber hinweg." Hier ist die Lehre von der Gnade nicht bloße Lehre geblieben; sie hat einen *Leib* bekommen, sie hat Gestalt angenommen in einer Gruppe von Menschen, die sie verstanden haben. Inmitten einer Gesellschaft, die Gnade nicht kennt, ist die frühe Gemeinde eine Art von Gegengesellschaft, die den Charme ihres Gottes zu leben beginnt. Wie torsohaft auch immer dieser Versuch gewesen sein mag, er wurde gemacht.

Aber fragen wir weiter – nach uns. Wie steht es mit der Möglichkeit, zu wünschen, zu klagen, seinen Anspruch auf menschliches Leben anzumelden in unserer Welt? Wen interessiert es, daß wir eigentlich gern eine *sinnvolle* Arbeit hätten, mit dem Recht auf eigenen Arbeitsrhythmus und eigenem Arbeitsstil und mit einem Ziel, das wir bejahen und einsehen? Statt dessen müssen wir in der Mehrzahl der modernen Berufe rotieren wie Rädchen in einer riesigen, von anderen gesteuerten Maschinerie. Wirkt es nicht schon fast unverschämt, wenn jemand Ruhe haben will, um irgendeine Sache *gut* machen zu können, oder wenn jemand Zeit genug haben will, um mit seinen Freunden, seinen Kindern sprechen zu können, Zeit genug, um wirklich zu *leben*? Statt dessen hetzt uns der Terminkalender, schon die Kinder haben keine Zeit mehr.

Wen kann es eigentlich wundern, daß ein Teil der Jugend keine Lust hat, sich in diese Welt einplanen zu lassen?

Biblische Menschen würden leidenschaftlich klagen, sie würden aufbegehren gegen ein Dasein in unserer unmenschlichen Welt. Wie ein roter Faden zieht sich durch das Alte und das Neue Testament der „Widerspruch des Lebendigen", wie Dorothee Sölle formuliert hat. In unseren Kirchen aber weht ein anderer Geist. Da zieht sich wie ein eher grauer Faden die Mahnung zur Bescheidung, zum Sicheinrichten, zur Zufriedenheit mit dem banalen kleinen „Glück" durch die Predigten und Lieder, Anleitung zu Verzicht und Resignation. Der Gott der Bibel müßte wohl enttäuscht sein: Er *könnte* uns gar nichts mehr geben, nicht einmal inkognito: denn wir *wollen* anscheinend nichts mehr.

Was ist geschehen? Die Lehre wird schließlich immer noch verkündet, die Bibel ist noch da. Aber es scheint, als ob die Information, die von Kanzel und Katheder erklingt, neutralisiert würde durch eine mitlaufende Gegeninformation aus der Gesellschaft, die die Predigt Lügen straft. Heißt es hier: „Du lebst in der Gnade", so heißt es dort: „Das ist nicht wahr. Du hast dich zu bewähren, es geht um Sollerfüllung, um Leistung und Erfolg, sonst bleibst du auf der Strecke." Nur wird dieser Dialog zwischen Bibel und Gesellschaft nicht offen ausgetragen. Er verläuft stillschweigend, fast immer unbemerkt. Prediger und Gemeinde sind selbst in die Leistungsgesellschaft integriert; die Gnadenlosigkeit der Konkurrenz um Aufstieg und Erfolg, die Pflicht zur Bewährung, zur Sicherung von Einfluß und Besitz ist so verinnerlicht, daß sie meist überhaupt nicht mehr bewußt wird. Jeder weiß, daß das Evangelium in Wahrheit nicht gilt, spricht aber nicht darüber, denkt kaum je darüber nach.

In der Psychoanalyse bezeichnet man eine solche Situation mit dem amerikanischen Ausdruck „double bind", zu deutsch „doppelte Bindung". Zwei Botschaften gehen von derselben Stelle aus, die eine bewußt und betont, die andere unbewußt; und die Botschaften schließen sich aus. Der Empfänger beider Botschaften wird irritiert; ist er emotional abhängig von der Person, die die widersprüchlichen Sendungen von sich gibt, so kann er an Schizophrenie erkranken. Und zwar ist es so, daß die unbewußte Botschaft die wirksamere ist. Bewußte Freundlichkeit kann über unbewußte Feindseligkeit, verdrängten Haß auf die Dauer nicht hinwegtäuschen. Zur Heilung gibt es nur einen Weg: Das Verdrängte muß bewußt werden, der Haß zum Vorschein kommen, damit er bearbeitet werden kann.

Wenden wir dies auf die Situation der Kirche an, so heißt es: Soll die vermauerte Gnade befreit werden, so müssen wir, die Kirchenleute, das Ausmaß unserer Korruption begreifen.

Wir glauben das nicht wirklich, was wir sagen; das sieht man daran, daß wir unserer Welt nicht widersprechen, keine Gegengesellschaft bilden, vielmehr die menschenfeindliche Leistungsgesellschaft auch noch stützen. Zwei Beispiele, die das veranschaulichen: In unseren Städten nimmt die Zahl der Obdachlosen erschreckend zu. Ihre Unterbringung am Rande der Städte, in nassen Schlichtbauwohnungen, zwischen Bahngeleisen und Schrottplätzen und in unbeschreiblicher Enge ist nicht nur menschenunwürdig; sie gefährdet die dort aufwachsenden Kinder (und das sind viele, denn „obdachlos" und „kinderreich" sind fast Synonyme bei uns) in unzumutbarer Weise. In allen diesen Städten aber gibt es Kirchen. Wo ist ihr lautstarker, entschiedener Protest? Wo ist ihr Vorstelligwerden bei Behörden und Regierung, um diesen Mißstand wirksam abzuschaffen? Melden sich doch die Kirchen bei anderer Gelegenheit, z.B. bei den Kämpfen um das Sexualstrafrecht, so deutlich zu Wort. Sollte der Grund für das Schweigen im Falle der Obdachlosigkeit nicht darin liegen, daß wir, Amtskirchen und Christen, mit der Mehrheit in unserer Gesellschaft die Überzeugung teilen, ein Mensch habe eben das Schicksal, das er verdient? Sind die „Randgruppen" auch für uns diejenigen, die es eben nicht geschafft, die sich nicht bewährt haben? Spielt das Recht eines Menschen auf ein glückliches Leben, das die biblischen Menschen so ungeniert begehren, für uns keine Rolle?

Das zweite Beispiel ist noch deutlicher. Die Überzeugung, daß Kinder sich vor allem einzufügen haben, und zwar in die vorfindliche Ordnung, ist gerade unter Christen das Normale. Die Frage, ob diese Ordnung gut für sie ist, ob sie sich darin entfalten und zu ihrem Recht kommen können, spielt eine viel geringere Rolle. Kinder sind bei uns zur Unterwerfung einfach verpflichtet; wir führen dafür das vierte Gebot ins Feld: „Du sollst deinen Vater und deine Mutter ehren, auf daß dirs wohlgehe und du lange lebest auf Erden." Schüler interpretieren dieses Gebot so: „Natürlich kann es einem nur gut gehen, wenn man sich den Eltern anpaßt; sie haben schließlich die Macht, das Geld, das Geschäft, was will man machen, wenn sie die Hand von einem abziehen?" Sehr plausibel: Wer Macht hat, hat auch Recht. Nur: Ist das christlich? Und: Ist das menschlich?

In der Bibel hat das vierte Gebot einen gänzlich anderen Sinn. Es gilt *nicht* für Kinder; es gilt für erwachsene Söhne und Töchter, die jetzt selbst an der Macht sind, Geld und Geschäft in *ihren* Händen halten. Sie sollen die alten Eltern nicht vergessen, nicht hungern lassen, sondern liebevoll versorgen. In Mk 7 legt es Jesus selbst so aus.

Der Appell geht an die, die in der *starken* Position sind; „charmant" – wie Gott – sollen sie zu den Schwächeren sein.

Unsere Gesellschaft aber gibt den *Starken* recht, den wirklich oder angeblich Tüchtigen, sie mißachtet die Schwachen, die Kinder, die noch nicht Selbständigen, und benutzt dieses Gebot zu ihrer Unterwerfung. Steht denn *nicht* in der Bibel: „Ihr Väter, reizet eure Kinder nicht zum Zorn, damit sie nicht bitter werden"?

Die mitlaufende Gegeninfornmation *neutralisiert* die Predigt von der Gnade nicht nur, sie verfälscht sogar ihre Texte, stellt ihren Sinn auf den Kopf, und so kommt es, daß Christen, brutal wie alle anderen, Verletzte und Gescheiterte noch mehr zerstören, als sie es schon sind. Kinder z.B., die die Einpassung *nicht* geschafft haben, die deshalb in Heimen für Schwererziehbare aufwachsen, können auf wenig Verständnis rechnen. Sie haben es in kirchlichen Heimen oft schlechter als in anderen, weil weniger Mittel für therapeutisch geschulte Erzieher aufgewendet werden.

Zugegeben: Es ist schwer für die Menschen, die sich selbst bewähren mußten, denen an Anpassung und Verzicht nichts geschenkt wurde, und für deren Wünsche sich niemand allzusehr interessierte – es ist schwer für *uns*, die wir solche Menschen sind, anderen das zu gönnen, was wir selbst nicht hatten. Aber es ist nur so lange schwer, wie wir die Maßstäbe dieser gnadenlosen Gesellschaft für uns noch gelten lassen und geradezu Angst haben vor einer anderen, freieren, menschlicheren Auffassung des Lebens. In der ererbten theologischen Fachsprache heißt das: Solange wir uns vom Gesetz regieren lassen anstatt von der Gnade.

Sollen wir befreit werden, so müssen wir zur *Welt* befreit werden, in einem doppelten Sinn. Gegen die Welt, wie sie uns heute prägt mit ihren gnadenlosen Zwängen, müssen wir Widerspruch anmelden; wir dürfen uns mit ihr, die Millionen von Menschen um ihr Leben betrügt, nicht abfinden. Für die Welt aber, wie sie sein *könnte*, wenn Menschen sie besser einrichteten, für die Möglichkeit *menschlicheren* Lebens, müssen wir eintreten.

Wir dürfen unsere Klagen und unsere Wünsche nicht länger hinunterschlucken, so tun, als hätten wir sie nicht; wir müssen viel sensibler dafür werden, was sein *könnte*, welche Chancen zerstört und vertan werden, freier zur Kritik und freier zum Genuß.

Die Texte der Bibel, die soviel Menschlichkeit atmen, *könnten* uns dabei helfen, allerdings unter einer Bedingung: Sie müssen selbst befreit werden. Wir sahen es beim vierten Gebot. Seltsam: Da hat die wissenschaftliche Theologie, vor allem im evangelischen Raum, seit gut zweihundert Jahren nichts so intensiv betrieben wie die Erforschung und Auslegung eben dieses Buches: jeder Begriff, jede Vokabel, jeder Sachzusammenhang wurde auf Herkunft und ursprüngliche Bedeutung genauestens untersucht; und dennoch wurde und wird es bis heute durch die Brille eines Vorurteils gelesen. Das falsche Selbstverständnis resignierter, gesetzlicher Christen verdirbt den klarsten Text, ohne daß es bemerkt wird.

Zur Selbstaufklärung der Christen genügen die biblischen Texte deshalb nicht, weil wir sie mißverstehen. Wir müssen zugleich auf der anderen Seite beginnen, nämlich bei der Aufarbeitung der

Verhältnisse in unserer Zeit. Genaue Kenntnisnahme ihrer Grundlagen würde uns z.B. zeigen, daß die Zahl der Obdachlosen steigt, weil die Mieten zu hoch sind, und daß dies seine entscheidende Ursache in der Höhe der Grundstückspreise hat, mithin in der Bodenspekulation. Ist die Analyse bis dahin vorgetrieben, dann zeigt sich auch, was zu tun wäre, und ein gemeinsamer Einsatz möglichst großer Gruppen *könnte* etwas erreichen. Oder, um an unser zweites Beispiel anzuknüpfen: Genaue Analyse der Situation der Kinder würde uns zeigen, was mit der Mehrzahl von ihnen psychologisch *gemacht* wird, ohne bewußten bösen Willen der Erzieher, aus Vorurteilen heraus. Und wir könnten Phantasie entwickeln zum Entwurf einer anderen Erziehung, könnten deren Ansätze, die es ja gibt, erkennen und stützen.

Die Befreiung der Christen vom Gesetz unserer Welt erfordert also Arbeit. Sie verlangt Aufarbeitung von politischen wie psychologischen Informationen – und wir haben doch ohnedies schon keine Zeit! Wie soll das Notwendige möglich werden?

Mir scheint, es geht nur auf *eine* Art: Die Aufarbeitung muß *gemeinsam* geschehen, in Gruppen, die sich eigens zu diesem Zweck zusammenfinden, und mit dem Ziel aktiven Eingreifens an *einer* Stelle. „Gemeinde" muß wieder Gegengesellschaft werden, wie sie es ursprünglich und in ihren lebendigsten Zeiten *immer* gewesen ist. Es gibt zwar schon solche Gruppen, nur noch viel zu wenige. Sie helfen mit, daß „Gnade" wieder einen *Leib* bekommt in dieser Welt, daß sie realisiert wird (in wie anfänglicher Form auch immer), daß Verkündigung wieder glaubhaft wird – weil sie den Menschen der ungebrochenen Herrschaft der Leistungsgesellschaft entzieht und ihn statt dessen vor *den* Gott stellt, der ihm sein Ich und seine Erde schenkt, damit er *leben* kann, als Mensch.

*Quelle:*

Hg. K. W. Bühler, Vernunft ist weiblicher Natur, München 1972

STATT EINES NACHWORTS:

## Auf dem Weg der Befreiung
## Eine autobiographische Skizze

*Kurzbiographie*

Geboren 1921 in Marburg als Tochter von Dr.med. Otto Veit, damals Abteilungsleiter im anatomischen Institut, und Frieda Veit geb. Meinshausen. Im Jahre 1925 Umzug nach Köln, wo mein Vater den neugegründeten Lehrstuhl für Anatomie übernahm; mit drei jüngeren Geschwistern Kindheit und Schulzeit in Köln, Abitur 1939. Im Jahre 1937 wurde mein Vater als „Vierteljude" dienstentlassen, was finanzielle Sorgen für die Familie mit sich brachte. Nach Haushaltsschule und Pflichtjahr von 1940-1944 Studium der Theologie in Marburg, Jena (v. Rad) und Halle; Fakultätsexamen in Marburg 1944, zweites theologisches Examen in Kassel 1946. Im gleichen Jahr Promotion bei Rudolf Bultmann. Von 1947 bis 1972 im Schuldienst in Köln; seither Professorin für Didaktik des Religionsunterrichts in Gießen.

*Religionspädagogik erfahren, oder:*
*Kirche – was hast du aus mir gemacht?"*[126]

Eine Hochschullehrerin, die heute über 60 Jahre alt ist, durch ihren Beruf ständig mit jungen Erwachsenen zu tun hat, findet kaum einen Vergleichspunkt zwischen der Art und Weise, wie ihre Studentinnen ihr Leben gestalten und der, wie sie selbst und ihre Altersgenossinnen das vor mehr als 40 Jahren getan haben. Die Veränderungen sind so stark, daß mich gelegentlich das Gefühl beschlichen hat: Wir 60jährigen sind alle Heimatvertriebene, gleichviel, ob wir unsere geographische Heimat verlassen mußten oder nicht; denn die Welt, in der wir aufgewachsen sind, gibt es nicht mehr. Trauern wir ihr nach?

Ich glaube: nein, jedenfalls was mich persönlich betrifft.

Gelegentlich bin ich einem Stück der alten Heimat noch einmal begegnet, in Pfarrhäusern der DDR (auch Günter Gaus meinte ja, die Deutschen in der DDR seien typischer deutsch geblieben als wir). Ich fand dort eine Atmosphäre der Geborgenheit, Bescheidenheit, Geordnetheit, wie ich sie aus meinem bürgerlichen Elternhaus kenne und wie sie, dort und hier, als christliche Lebensweise angesehen wurde und wird. Ich fand ein Desinteresse an „Äußerlichkeiten", das nichts mit der größeren Armut zu zu tun haben kann; denn im *viel* ärmeren Polen mag es an vielem fehlen, nicht aber an der Freude an Kunst und Spiel, Schick und Pfiff. *Wir* taten uns schwerer damit, damals, als das „Fräuleinwunder" die ganz jungen Frauen in unserem Land zu verwandeln begann...

Was symbolisierte es eigentlich, dieses „Wunder"? Schönheitssinn, eigenen Geschmack, Freude an der Darstellung der eigenen Person: Zu unserer Sozialisation paßte es schlecht. Da galt Zurückstellung eigener Wünsche zugunsten der Erfüllung festgesetzter Pflichten, die auch dann zu erfüllen waren, wenn dies (z. B. in einer unglücklichen Ehe) persönliche Tragik mit sich brachte. Ganz besonders galt dies für die Frauen. „Mach dich nicht so wichtig, du bist schließlich ein Mädchen!", wie oft fiel dieser Satz in meiner Erziehung. Eine eigene Fragestellung, ein besonderer Geschmack, ein unerwarteter Wunsch war schon zuviel.

Für mich verschmolz eine Wertordnung, in der Männer und Frauen ihren festen Platz hatten, Wünsche und Pläne sich im Rahmen des Erwarteten zu bewegen hatten oder sonst zu verschweigen waren, mit dem Willen Gottes, und es schien mir eine Eigenart des biblischen Gottes zu sein, daß er vom Menschen immer nur das Schwerste forderte, immer da Verzicht, wo der Mensch selbst das größte Glück, den stärksten Wunsch verspürte. Isaaks Opferung wurde zum Paradigma schlechthin. Der Vater, der den einzigen, langerwarteten und über alles geliebten Sohn zu opfern bereit ist, erschien mir nicht als irrsinnig, sein Gott nicht als sadistisch; sondern so *war* das Leben, so war Gott und seine Ordnung. Agnes Bernauer oder der Prinz von Homburg, der zwar das einzig Richtige getan, dabei aber die Ordnung übertreten hatte und deshalb vor Gericht gehörte, waren weitere lang bedachte Beispiele.

Als Vierzehnjährige schrieb ich, kurz vor der Konfirmation, ein eigenes Glaubensbekenntnis. Angeregt durch die Gepflogenheiten im Hause Hohenzollern, wo die Prinzen dergleichen vor ihrer Konfirmation niederlegten (das hatte ich gelesen), machte ich mich auch ans Werk, natürlich heimlich. Was hätte ich sonst wohl zu hören bekommen ob meiner Überheblichkeit! Übrigens weiß ich nicht, ob auch Prinzessinnen in Preußens heiliger Familie ihr Credo schrieben. Bei mir jedenfalls entstanden drei Artikel zu meinen drei wichtigsten Schicksalsgegebenheiten: „Ich bin ein christliches deutsches Mädchen", und alle drei bestanden *nur* aus Pflicht. Ich entsinne mich noch, daß ich, obwohl mich die selbstgestellte Aufgabe fasziniert hatte, mich im Laufe der Niederschrift furchtbar zu langweilen begann; aber eben das warf ich mir vor und zwang mich, mir mein Untertansein in allen drei Hinsichten völlig bewußt zu machen und auszuformulieren. Leider erinnere ich mich nur an einen Satz im Wortlaut; er stand im dritten Teil, zum Stichwort „Mädchen", und lautete: „Als Mädchen bin ich zum Dienen und Dulden geschaffen." Da stand es, so mußte es sein.

War es die *Kirche*, die mich dies gelehrt hatte? Trug *sie* die Schuld daran, daß mir, wie so vielen Frauen meiner Generation, die eigene Initiative, der Mut zum eigenen Urteil so schwer gemacht worden ist?

Ich weiß es nicht. Mein Konfirmator, meine Lehrer, die Prediger, die ich hörte (und ich ging sehr viel in die Kirche, am liebsten sonntags zweimal, weil ich theologisch durstig war) – ich kann mich nicht erinnern, daß sie mich in bezug auf mein Frau-Sein besonders indoktriniert hätten. Ich glaube, es war viel schlimmer: Die Indoktrination lief in der bürgerlichen Familie, bei meinen guten, so wohlmeinenden Eltern; und Kirche war einfach ein Teil dieses Bürger-seins, ihre Wertsetzungen gingen nahtlos und mit größter Selbstverständlichkeit in die der Familie über. Die innere, unklare Auflehnung gegen beide war stark. Ich wußte, was ich wollte, z. B. lesen. Aber: ein Mädchen schmökert nicht. Ein Mädchen liest am Sonntag, ein halbes Stündchen. In der Woche, was tut sie da? Arbeiten natürlich, den jüngeren Brüdern die Schuhe putzen, mit ihnen Aufgaben machen (qualvoll das, mit zwei Bengeln, die keine Lust zum Arbeiten haben und alles elend in die Länge ziehen!!), in der Wohnung alles blitzblank putzen helfen – obwohl eigentlich nichts zu tun war, bei zwei Hausangestellten und Putz- und Waschfrau. Natürlich las ich *doch*, heimlich und mit sehr schlechtem Gewissen, versteckt hinter den Körben, in denen die ungebügelte Wäsche hoch aufgetürmt lag. Oder unter der Bettdekke, mit der Taschenlampe des Haushalts, bis die Batterie leer war. Wurde ich entdeckt, so steckte ich die fällige Ohrfeige ein. Schlimmer aber war, daß ich schlechten Gewissens las. Denn „eigentlich" sollte man ja den Eltern untertan sein!

Es gab Unmöglichkeiten. Ich durfte Abitur machen; aber mündlich Aufgaben machen durfte ich kaum. War nichts mehr zu schreiben, saß ich nur über einem Buch, so war das „Lesen", und das hieß soviel wie: unerlaubtes Nichtstun. Oder: ich begleitete den Vater auf einem weiten Weg, erzählte unterwegs, warm vor Interesse, was ich über die Sprache der Vögel gelesen hatte, daß es da Lockrufe, Warnrufe gab, aber keine Namen für Sachen. Mein Vater sah mich an: „Woher weißt du das denn alles?" Ich, vor Schreck ganz heiß: „Das habe ich alles in Brehms Tierleben gelesen." – „Da sollst du aber nicht drin schmökern", hieß es – zu Hause aber, der Mutter gegenüber: „Das Kind hat mir eben einen sehr vernünftigen Vortrag über die Sprache der Vögel gehalten!" Die Ohrfeige blieb aus. Ich ahnte: Es *könnte* alles viel schöner sein.

Es war sehr schwer, sehr angst- und schuldgefühlbesetzt, sich zwischen der zugemuteten Rolle und dem eigenen inneren Wollen zurechtzufinden. Die Rolle war heilig, das eigene Wollen aber unbezwinglich. War *das* vielleicht die Macht der Sunde, von der man in der Kirche hörte? Aber es war doch nichts Schlechtes, was ich wollte?

In diesen Zwiespalt hatten mich Familie und Kirche gemeinsam gebracht.

Aber die Kirche tat noch etwas anderes für mich, und das werde ich ihr bis an mein Lebensende danken. Sie gab mir nämlich das Neue Testament in die Hand. Zwar hatte ich bereits vieles aus der Bibel kennengelernt, im Schulunterricht (von der „Volksschule" an, wie die Grundschule damals hieß) und im Kindergottesdienst, in den ich möglichst immer ging; zwar hatte ich mir angewöhnt, im Neukirchener Jugendkalender, den wir in der Kirche zu Weihnachten bekamen, täglich zu lesen, wobei mir (außer dem häuslichen Leseverbot) viele Zweifel und Probleme in die Quere kamen, über die ich mit niemandem sprechen konnte; ich empfand eine eigenartig fremde Atmosphäre, in die ich nicht hineinpaßte, und suchte die Schuld natürlich bei mir. Aber dann bekam ich das NT selbst in die Hand. In ihm entdeckte ich so viel Verheißungen, so viel nach vorn weisende Worte, daß ich, unklar noch und mehr gefühlsmäßig, Mut zum eigenen Leben zu fassen begann. In jenem frühesten Exemplar des NT, das ich im Alter von dreizehn Jahren für den Religionsunterricht bekam, finde ich auf dem Deckblatt ein ganzes Verzeichnis erschreckender, niederdrückender Stellen, die von Schuld, Angst und Gericht handeln – und darunter einen Querstrich, unter dem sich findet: Hebr 10,35 und Joh 7,17. „Werfet euer Vertrauen nicht weg, welches eine große Belohnung hat". Und Jesu Wort: „So jemand will Gottes Willen *tun*, der wird innewerden, ob meine Lehre von Gott sei." Während ich die Texte in der alten Sprache lese, taucht mir wieder auf, was sie mir damals, unklar, sagten: Da *kommt* noch etwas. Die Zukunft hält noch etwas für mich bereit. Es bleibt nicht so, daß ich mich damit abquälen muß, die Forderungen, die an mich gestellt werden, nicht gut zu finden und doch erfüllen zu müssen. Eines Tages werde ich das alles verstehen, „innewerden", was Gottes Wille ist. – Ich glaube bis heute, daß mich dieser Zukunftstrost davor bewahrt hat, seelisch krank zu werden. Er machte mich übrigens so mutig, dieser Trost, daß meine Mutter mir die Bibel zeitweise wegschloß: das Kind wurde zu selbstsicher!

Das Thema „Erotik" war in unserer Jugend natürlich tabu, so vollständig, daß wir mit 18 Jahren nicht einmal „aufgeklärt" waren. Natürlich meldete sich auch bei uns das verbotene Thema zu Wort, in qualvollen, angst- und schuldgefühlbesetzten Träumen, deren Natur ich erst viel später zu deuten verstand.

Hier ist sicher, aufs ganze gesehen, der deutlichste Wandel eingetreten. Die Pille hat Weltgeschichte gemacht wie wenige Erfindungen vor ihr; die Hälfte der Menschheit ist dabei, einem unerträglichen Tabu zu entrinnen, nun schon in der zweiten Generation. Allerdings bedeutet das nicht, daß auch schon eine erotische Kultur entstanden wäre, in die junge Frauen, von den Erfahrungen ihrer Mütter geleitet, angstfrei hineinwachsen könnten. Hilft ihnen die Kirche dabei?

Ein wenig vielleicht. Zumindest gilt Sexualkunde der evangelischen Kirche nicht mehr als tabu. Man mag über kirchliche Aufklärungsbücher, die in den sechziger Jahren erschienen, heute lächeln; sie gingen immerhin der Einführung sexualkundlichen Unterrichts in den Schulen um Jahre voraus. Manchmal kommt es heute sogar vor, daß eine Theologin mit „ledigem Kind" eine Stelle bekommt. Aber es finden sich immer noch viele Reste der alten Verstricktheit.

Worin besteht sie eigentlich? – Ich denke: darin, daß sich Kirche und Gesellschaft ein *Bild* gemacht haben vom Menschen, wie er sein soll, vor allem: von der Frau, wie sie zu sein hat, wenn sie „eine richtige Frau" sein will. Der Mut, es ihr selbst, der jungen, sich bildenden Frau zu überlassen, wie sie werden will, was sie lernen, wie sie leben, wie sie lieben will, dieser Mut versteht sich noch lange nicht von selbst. So wenig, daß die derzeitigen verschlechterten Lern- und Arbeitsbedingungen wieder zuallererst zu Lasten der Frauen gehen. Kirche hilft ihnen manchmal, aber noch viel zu wenig beim Kampf gegen Ungleichbehandlung. Befreiung der Frau als ihre Sache zu erkennen, steht weiterhin immer noch aus.

Wie habe ich mich befreit? Habe ich mich befreit? Entscheidend war für mich das Studium der Theologie. Hier lernte ich zuerst, *in der Bibel selbst* zu unterscheiden; historische Kritik erlaubte Fragen, die man immer gehabt und angstvoll zurückgedrängt hatte; Sachkritik zeigte, daß nicht alle Autoren der Bibel dasselbe sagten; es wurde Raum für eigene Stellungnahmen; geschichtlicher Wandel, notwendiger geschichtlicher Wandel im Verständnis des Glaubens kam in den Blick.

So befreiend, so faszinierend das war, natürlich brachte es auch neue Probleme. Sie äußerten sich z. B. darin, daß ich im 4. Semester aufhörte, Kindergottesdienst in einer Marburger Siedlung zu halten, wo ich bis dahin acht oder zehn Kinder in einer Mansarde gesammelt und biblische Geschichten erzählt hatte. Ich wußte nicht mehr oder noch nicht, wie ich beides zusammenbringen konnte: das, was historische Forschung mir über Entstehung und ursprünglichen Sinn der Texte zur Kenntnis gebracht hatte, und das, was dieselben Texte in der kirchlichen Tradition Generationen von Christen gesagt hatten und noch sagten. Zwei verschiedene Hermeneutiken lagen miteinander im Streit – wie sollte ich mich entscheiden?

Bei Rudolf Bultmann, meinem Lehrer und späteren Doktorvater, war die Sache klar: historische Kritik und existentiale Interpretation verhalfen dazu, neutestamentliche (er meinte: auch alttestamentliche) Schriften angemessen zu verstehen. Geschichten, die, auf diese Weise erschlossen, heutigen Kirchenbesuchern nicht mehr viel bedeuten konnten, sollte man eben weglassen in Predigt und Unterricht. Als Bultmann dies in einer der abendlichen Runden, zu denen er uns wenige Kriegsstudenten (meist -innen!) in seine Wohnung lud zu Kriegsgebäck und einer Tasse deutschem Tee, mit aller Deutlichkeit als seine Meinung kundtat, schreckte mich das zwar auf und beeindruckte mich sehr. Ich selbst hatte die Frage aufgebracht, weil ich mit der Geschichte von der Taufe Jesu nach Matthäus, meinem nächsten Kindergottesdiensttext, nicht mehr umzugehen verstand. Gleichwohl gab ich dem verehrten Lehrer innerlich nicht vollständig recht. Nicht nur erinnerte ich mich noch zu gut daran, was mir selbst Geschichten dieser Art bedeutet und gegeben hatten, als ich sie noch nicht historisch-kritisch las; es kam ein Erlebnis hinzu, das ich während einer Wochenendfreizeit der kleinen informellen Studentengemeinde hatte, in der ich damals lebte.

Wir hatten Quartier bei Bauern in der Kirchengemeinde Lohra, bei denen wir uns nicht nur sattessen konnten, sondern bei denen wir auch einen Abend verbrachten, der dem Kennenlernen und gegenseitigen Erzählen diente. An einem solchen Abend erlebte ich mit, wie der Hausvater zum Abschluß die große Familienbibel auf den Tisch legte und sorgfältig aufschlug; das Lesezeichen lag im Römerbrief, den er derzeit mit seiner Familie fortlaufend las. Aber er las nicht nur vor, sondern fügte dem gelesenen Abschnitt (ich meine mich zu erinnern, daß es ein Teil des 5. Kapitels war) ein paar eigene Sätze hinzu, in denen er den Inhalt verdeutlichte. Ich war maßlos erstaunt. Gerade kurz zuvor hatte mir ein Bekannter, von Beruf Ingenieur, berichtet, er habe versucht, im Neuen Testament zu lesen, sei an den Römerbrief geraten und könne nur eines sagen: „Ich verstehe *nichts*!" Als Studentin, die gerade mit den Problemen der paulinischen Theologie befaßt war, konnte ich dies wiederum nur zu gut verstehen. Hier aber, in der abendlichen Bauernstube, saß ein Mann, der die Volksschule und den Konfirmandenunterricht besucht und jeden Sonntag eine evangelische Predigt gehört hatte; er war in der Lage, in einfachen Worten Sinnvolles zum Römerbrief zu sagen.

Bultmanns gelegentliche Äußerung, daß man „das Bibellesen von Laien" nicht länger „propagieren" solle, da sie die Texte doch nur falsch verständen, kam gegen eine solche Erfahrung nicht an. Der Bauer in Lohra stand in einer Tradition, die ihm den Zugang zum Römerbrief ermöglichte – einer Tradition, die letztlich von Paulus selbst und dann von Luther, der ihn neu entdeckte, ausgegangen war. Ja, richtig, er stand „drinnen", es war der Paulus der lutherischen Kirche, in der er lebte und zu Hause war; er kannte ihn. Die historisch-kritische Wissenschaft aber näherte sich dem Text gewissermaßen von „außen", in einer Art von methodischer Unkirchlichkeit, so sehr auch der, der sie betrieb, sich andererseits zur Kirche halten mochte (wie Bultmann, der als Kirchenvorstandsmitglied mit dem Kollektenteller an der Kirchentür zu stehen pflegte).

Deutlich empfand ich damals, in der Mitte meiner Studienjahre, die Aufgabe, die vor mir stand: das Verhältnis der beiden Hermeneutiken zueinander zu klären, einen Weg zu finden, auf dem weder die „intellektuelle Redlichkeit" noch die Schätze der Tradition und des „Drin-Seins" verloren gingen. Noch mußte ich die Frage offenlassen, vermochte an der Lösung der Aufgabe nicht direkt zu arbeiten, zumal die Systematische Theologie, die wir studierten, mir dazu wenig Hilfen bot. Erst in der Praxis des eigenen Unterrichtens fand ich, schrittweise, die Lösung für mich.

Eins allerdings war mir schon früh klar: So konnte sie nicht aussehen, wie mein Landesbischof, als er mir zum Zweiten Theologischen Examen gratulierte, es mir empfahl: Ich dürfe nichts von dem, was ich an der Universität gelernt hätte, in die Gemeinde gelangen lassen, es würde sie verwirren. Index auf protestantisch! Der Rat, die Gemeindefrömmigkeit zu konservieren, statt mit der Gemeinde einen Weg nach vorn zu suchen! Ich konnte nur antworten, daß ich es dennoch versuchen wolle; es könne für mich nicht zwei Wahrheiten geben, eine für mich und eine für die Gemeinde. Woraufhin mein Landesbischof mir Gottes Segen zu meinem Vorhaben wünschte...

Noch ein Wort zur Studentengemeinde im Krieg. Es waren informelle, kleine Gruppen, die sich zu Bibelkreisen in den „Buden“ trafen, die Morgenwachen und Wochenschlußandachten miteinander hielten, die auch im Lager der Munitionsfabrik, in die wir während der Semesterferien dienstverpflichtet wurden, je nach der Schicht zur Morgen- oder Abendandacht in einem der Schlafsäle zusammenkamen. Auch während unserer Freizeiten, zweimal im Semester, standen Glaubensfragen im Mittelpunkt. Wir luden Gerhard v. Rad ein, der damals in Jena lehrte, im Lohraer Gemeindehaus mit Bultmann zu diskutieren, dessen Begriff von „Geschichtlichkeit“ ihm für das Alte Testament nicht ausreichend erschien. Beide Professoren kamen (in jener Zeit ohne Autos!), um für uns 15 oder 20 Leute miteinander zu streiten. Oder wir befaßten uns höchst ernsthaft mit der Frage, ob der heilige Geist wirklich als Person anzusehen sei; Hans von Soden stand uns, mit all seiner staunenswerten biblisch-patristischen Gelehrsamkeit, für unser Problem zur Verfügung. Doch haben wir kein introvertiertes Konventikeldasein geführt: als v. Rad in Jena, der Hochburg der Thüringer Deutschen Christen, aus dem Prüfungsamt ausgeschlossen worden war, weil den arischen Studenten nicht zuzumuten sei, sich mit den jüdischen „Viehhändler- und Zuhältergeschichten“ des AT zu befassen, da beschlossen wir, jedes Semester wenigstens eine oder einen zum Studium nach Jena zu entsenden, damit nicht aus Mangel an Hörern der Lehrstuhl v. Rads gestrichen würde.

So verbrachte ich mein 5. Semester im Winter 1941/42 dort, zusammen mit der Erlanger Kommilitonin Gertraud Schön und einem japanischen Studenten; v. Rad hielt für uns drei zwei große Vorlesungen und ein Seminar, lud uns zu Wochenenden zu sich nach Hause ein, damit wir auch von Psalmen noch etwas hörten, und bat uns gegen Ende des Semesters, schnell noch ein wenig Aramäisch zu lernen, damit er uns von Daniel und von Esther noch etwas mitteilen könne… Wir haben zum Schluß fast hebräisch *gedacht*. Im Traum hab ich's mal gesprochen.

Die Jenaer Studentengemeinde, noch kleiner als die in Marburg, kam eines Tages auf Gertraud und mich zu mit der Frage, ob wir uns an Besuchen bei Juden in Jena beteiligen wollten. Ihnen stünde die Deportation bevor (notabene: was Auschwitz sein würde, das ahnte noch niemand!), und es wäre gut, wenn wir uns, solange sie noch da wären, um sie kümmerten. Wir beide haben dann eine ältere jüdische Dame besucht, die mir unvergeßlich geblieben ist mit ihrer strahlenden Heiterkeit und Freundlichkeit, wohl wissend, daß sie ihres Alters wegen eine Deportation kaum überleben würde. Wir haben ernsthafte, schöne Gespräche mit ihr geführt (ich entsinne mich eines nachdenklichen Austausches darüber, was der Mensch für die Schöpfung eigentlich bedeute, ob er ihre Krönung sei oder ihr Ruin) – bis wir eines Tages ihre Wohnungstür kreuzweise vernagelt fanden und wußten: da wohnt niemand mehr.

So brachte mir die Studentengemeinde im Krieg die erste Erfahrung des Lebens in einer *Gruppe*, die aus christlichem Engagement gemeinsam zu handeln versucht. Dies sollte, viel später, noch von großer Bedeutung für mich werden. Auch die Zugehörigkeit meiner Eltern zur Bekennenden Kirche, die (entfernte und passive) Teilnahme am sog. Kirchenkampf hatte schon dazu beigetragen, daß der Blick des so einsam aufgewachsenen Mädchens sich weitete, religiöse Probleme nicht mehr *nur* als die eigenen, privaten empfunden wurden. Glaube erfordert und erschafft ein „Wir"; das *dachte* ich noch nicht, aber ich lernte etwas davon kennen. Dazu kam, daß wir als Familie mit jüdischen Vorfahren uns in der Bekennenden Kirche voll angenommen sahen, selbstverständlich begrüßt wurden, wenn wir zum Gottesdient kamen – während es Schulkameradinnen ebenso wie Kollegen meines Vaters gab, die uns aus dem Wege gingen. Ein großes, erhebendes „Wir" erlebte ich, als Martin Niemöller 1937, nicht lange vor seiner Verhaftung, in Dortmund sprach und wir (schon das ein Erlebnis) trotz unserer knappen Mittel hinfuhren, Stunden zuvor die Kirche bereits fast gefüllt fanden und dann die Kampflieder der Reformation sangen („Wo Gott der Herr nicht bei uns hält", „Ach Gott vom Himmel sieh darein"... ), die heute fast vergessen sind, nostalgisch im Gesangbuch stehen, damals aber ihren vollen Klang gewannen und mich ahnen ließen, was Kirche sein kann.

Dann, nach dem Krieg, Dietrich Bonhoeffers Briefe! Ich glaube, ich habe (außer dem Neuen Testament in jenen frühen Jahren) nie wieder und nie zuvor ein Buch dermaßen „gegessen und getrunken". Die Befreiung aus den Schranken ängstlicher Gesetzlichkeit, die im Studium begonnen hatte, ging mit Riesenschritten weiter; sie fand einen mächtigen Bundesgenossen. Hier hatte ein Christ, aus dem Glauben heraus und theologisch begründet, am Widerstand gegen Hitler teilgenommen. Es galt, so verstand ich und fand es nun überall in der Bibel wieder, es galt, selbst zu erkennen, was man sollte und wollte. Es galt, Christsein, Menschsein, Frau-Sein selbst zu definieren; es galt, die Aufgaben, die man selbst erkannte, anzufassen – nur so würde man lernen, was „Glauben" wirklich ist. Entscheidend wurde für mich der Brief vom 21.7.44, nach dem Scheitern des Attentats auf Hitler aus dem Gefängnis geschrieben, mit den berühmt gewordenen Sätzen: „Dies nenne ich Diesseitigkeit, nämlich in der Fülle der Aufgaben, Fragen, Erfolge und Mißerfolge, Erfahrungen und Ratlosigkeiten leben, – dann wirft man sich Gott ganz in die Arme ..."

Hatte kirchlich-bürgerliche Tradition mich in Ängste und Zwänge gepreßt, hatte die Bibel mir ihre zwei Seiten gezeigt, die beängstigende und die hoffnungsvolle, so halfen mir Bultmann und die Bekennende Kirche, Studentengemeinde und Dietrich Bonhoeffer, ganz auf die andere Seite hinüberzugehen: die der Befreiung, für mich und für andere.

### *Religionspädagogik ausgeübt, oder: Was habe ich mit jungen Menschen gemacht – und dabei selbst gelernt?*

Auffällig ist mir beim Rückblick auf den ersten Teil dieses Berichtes, daß ich den schulischen Religionsunterricht, den ich erhielt, so gut wie nicht erwähnt habe. Zu korrigieren indessen finde ich nichts: Außer daß er mir stoffliche Kenntnisse vermittelt hat, verdanke ich ihm nicht viel. Klärungen, so bitter benötigt, liefen außerhalb seiner. Und doch habe ich dann, obwohl „Volltheologin", den Beruf der Religionslehrerin gewählt. Erste Erfahrungen, die ich noch als Vikarin in der Schule hatte sammeln können, hatten mich fasziniert.

Es war im Sommer 1947 in Köln. Die Evangelische Kirche im Rheinland hatte mich übernommen, obwohl das Kolloquium bei der Kirchenleitung außergewöhnlich lange dauerte und, wie mir schien, einige Male die Gefahr erkennen ließ, daß die Übernahme scheitern könnte: weil ich bei Bultmann promoviert hatte. „Entmythologisierung" hieß das Reizwort, das damals ganze Synoden in heftige Diskussionen verwickelte und das, wie bekannt, sogar zu einer Irrlehreanzeige gegen Bultmann geführt hatte. Ich wurde u. a. gefragt, wie ich denn aufgrund meines Studiums etwa in einer Oberprima unterrichten wolle; die Antwort mußte ich schuldig bleiben, hatte ich doch noch keinerlei Erfahrung und war doch für mich selbst das Problem der „beiden Hermeneutiken", von denen ich gesprochen habe, noch keineswegs gelöst. Ein Gemeindepfarramt kam für mich schon deshalb nicht in Frage, weil ich nach dem Tode meiner Mutter in meine Heimatstadt Köln zurückkehren wollte, wo ich in der Familie gebraucht wurde; Köln aber lag in Trümmern, es waren nur etwa 40.000 Einwohner da, die ihre Stadt erst freischippen mußten (ich bin also „Trümmerfrau"). So konnte die Landeskirche kaum die aus Kriegsgefangenschaft heimkehrenden Pfarrer beschäftigen und hatte keinen Platz für eine junge Pfarrvikarin. In den Schulen dagegen fehlte es so dringend an Religonslehrern, daß man mir antrug, 30 Wochenstunden zu übernehmen, in zwei Mädchengymnasien, die in dem kriegsverschonten Altbau einer Volksschule „schichteten". Ich erklärte, daß ich das nicht könne, es sei mir für den Anfang viel zuviel, und mußte hören, ich sei aber wenig einsatzbereit. Immerhin durfte ich mit zwölf Wochenstunden in einem der beiden Gymnasien beginnen; es wurde eine atemraubende Zeit.

Ich begann in den Klassen Untertertia bis Oberprima; Ostern 1948 prüfte ich zum ersten Mal im Abitur. Es gab einen Lehrplan, der im wesentlichen aus einer Aufteilung biblischer Stoffe auf die neun Gymnasialklassen bestand; für Obertertia und Untersekunda war, außer der Lektüre der Bergpredigt, die ganze Kirchengeschichte vorgesehen, von der Apostelgeschichte bis zur Gegenwart. Stofflich war ich hierfür gut gerüstet; nicht so für die Bearbeitung des Buddhismus und des Islam, die in der Obersekunda u.a. Thema waren, in meinem Studium aber nicht vorgekommen waren. Glücklicherweise war die Schulbibliothek erhalten geblieben; in ihr fand ich Material, um mich einzuarbeiten. Ich saß bis in die Nacht an dem alten wackeligen Tisch, der mir als Schreibtisch diente; methodisch in keiner Weise vorgebildet, hermeneutisch-didaktisch allein mit meinen Problemen, fand ich auch bei den biblischen Stoffen sehr viel zu tun.

Zum Schwur kam es in der Untertertia. Laut Lehrplan war „das Leben Jesu nach dem Markus- oder Matthäusevangelium" zu lesen.

Ich wählte Markus; der Anfang ging gut, bot Gelegenheit zum synoptischen Vergleich (Täufergeschichte) und damit zu einer ersten Einführung in die Entstehung der Evangelien. Die zahlenmäßig kleine Klasse (wohl etwa 18-20 Schülerinnen) zog voll Interesse mit. Dann aber, bei der Taufe Jesu, war die Frage da: „Es kommt doch keine Stimme vom Himmel! Das gibt's doch gar nicht!" Ich hatte mir vorgesetzt, den Kindern nicht zu verschweigen, daß es in der Bibel auch Sagen und Legenden gäbe, wußte aber noch nicht, in welcher Weise ich das tun könnte, ohne ihnen die Freude an den Texten und die Erwartung an sie, die damals durchaus vorhanden waren, zu nehmen. Jetzt, angesichts der klaren Frage des Kindes, fand ich es auf einmal gar nicht schwer, mich voll in seine Situation hineinzuversetzen (hatte ich mich doch selbst mit ähnlichen Problemen als Kind herumgeplagt!) und einfach zu sagen: „Ja, das ist eine Frage, die uns bei vielen biblischen Geschichten kommt: ob das eigentlich wirklich so passiert sein kann, wie es da steht. Und deshalb müssen wir darüber jetzt mal ausführlich sprechen." Ich ging darauf aus, zwei Arten von „Wahrheit" zu unterscheiden, Tatsachenwahrheit, wie ich für die Kinder sagte, und die Wahrheit, die in *gedichteten* Geschichten liegen könne; als Beispiel nahm ich die Gleichnisse Jesu. Wir brauchten Stunden, unterschieden u.a. die Wahrheit einer Photographie von der eines Gemäldes, das vielleicht mit Phantasiefiguren arbeitete, um etwas auszudrücken. Das Vertrauen der Kinder, das mir entgegenkam, ihr Vertieftsein ins Nachdenken bei diesem meinem ersten Versuch, ist mir unvergeßlich geblieben. In abgewandelter Form habe ich dasselbe dann auf den anderen Schulstufen erarbeitet. Der Schlüssel schien gefunden. In der Untertertia schlossen wir die Stundenreihe damit ab, daß ich sagte, wir würden nicht bei jeder Geschichte erst lange darüber sprechen, ob sie geschehen sei oder nicht, sondern lieber darüber, was sie uns eigentlich zu sagen hätte. Die Kinder zogen mit.

Dann kamen die Irrlehreanzeigen. Gleich drei an der Zahl. Drei Pfarrer, Konfirmatoren meiner Schülerinnen, wandten sich in Briefen an den Superintendenten und verlangten, daß ich den Unterricht niederzulegen hätte; ich würde „Generationen von Schülerinnen den Glauben nehmen", hieß es wörtlich in einem der Briefe. Ich weiß das, weil der Superintendent, der mir noch aus Zeiten der Bekennenden Kirche sehr wohl wollte, mir die Briefe zuschickte, damit ich mich selbst mit den Pfarrern auseinandersetzen könnte. Es mag einem heute höchst unwahrscheinlich vorkommen, aber damals war (nicht einmal das Programm der Entmythologisierung, sondern) schon die Einführung in das Verständnis historisch-kritischer Arbeit in den Augen vieler noch „Irrlehre“ – die Warnung des Bischofs im zweiten Examen kam mir wieder in den Sinn. Ich beschloß, auf keinen Fall klein beizugeben, empfand deutlich, daß ich mir mein ganzes zukünftiges Berufsleben damit verderben würde, besuchte jeden der Pfarrer und fragte ihn: „Sie haben ja auch studiert, Sie wissen dasselbe wie ich; wie gehen Sie denn damit um? Ich fange erst an, vielleicht kann ich von Ihnen lernen...“ Das Argument schlug durch; zwar half mir niemand weiter, aber ich konnte fortan in Ruhe meine Arbeit tun, wurde sogar von der Vikarsvereinigung zum Vortrag gebeten.

Erst viel später las ich Freud und fand in der „Zukunft einer Illusion“ den berühmten Satz, in dem er die „müde Denkschwäche vieler Erwachsener“ auf religiöse Denkverbote zurückführt, die „die strahlende Intelligenz eines gesunden Kindes“ verkümmern ließen. Was dadurch angerichtet worden ist, bis in die politischen Schicksale unseres Landes hinein, läßt sich kaum ahnen.

Nach knapp zwei Jahren mußte ich die Schule aus anderem Grund verlassen: Ein Studienrat mit Religionsfakultas kam aus der Kriegsgefangenschaft zurück, meine „Dienste“ wurden „entbehrlich“ (so stand es kurz und bündig im amtlichen Schreiben). Ich nahm schwer Abschied aus einer Arbeit, die mich fesselte und soviel Aufbaumöglichkeiten enthielt. So beschloß ich, die beiden Examina für die Schullaufbahn noch nachzumachen, um auf Dauer in der Schularbeit bleiben zu können. Mit den Fächern Religion und Philosophie (damals ein eingeführtes Fach an den rheinischen Gymnasien) ging das rasch; mit mir zusammen legten zwölf Priester die Prüfungen ab. Von 1950 bis 1972 war ich dann an der staatlichen Hildegardis-Schule (später Hildegard v. Bingen-Schule) in Köln tätig.

Die Schule pflegte ihre katholische Tradition (sie war erst in der Hitlerzeit verstaatlicht worden, vorher eine relativ kleine Privatschule). Zwar waren mehr als die Hälfte der Schülerinnen evangelisch; das Lehrerkollegium aber blieb lange, bis auf die beiden Religionslehrer, rein katholisch, bestand weit überwiegend aus unverheirateten Frauen, dazu einigen wenigen Männern. Heiratete eine Kollegin, so mußte sie gehen; es hieß, allen Ernstes, seitens der Direktorin, der Kardinal wünsche die jungfräuliche Lehrerin, die sich ihrem Beruf hingebe wie dem Leben in einem Orden. Das Fest der Namenspatronin wurde jährlich mit beachtlichen musikalischen und dramatischen Aufführungen begangen. Selbstverständlich fiel keine Religionsstunde aus, hielten wir Religionslehrer wöchentlich einen Schulgottesdienst in der jeweiligen Kirche. Koedukation erschien gänzlich undenkbar; nicht einmal im Orchester spielten Jungen des unmittelbar benachbarten Apostelgymnasiums mit, es hieß, die wollten „doch nur knutschen". Erst nach meiner Zeit mußten Jungen aufgenommen werden. Sexualkunde war unbekannt; in keinem Fach, auch nicht in der Biologie, kam es in den 50er und 60er Jahren vor. Andererseits gab es Exerzitien in den Abgangsklassen, die in einem Kloster stattfanden; ich nutzte dies, um mit den evangelischen Schülerinnen eine Freizeit zu halten an einem Ort, wo sie ein Arbeitsgebiet der Kirche kennenlernen konnten (Kaiserswerth, Bethel, Diasporaarbeit in der Eifel).

An einer solchen Schule war stetiges Arbeiten möglich, zumal die Schulleitungen meinem Wunsch, eine Klasse wenigstens drei Jahre lang kontinuierlich im Religionsunterricht zu behalten, in der Regel entgegenkamen. Freilich hatte die scheinbare Idylle eine Kehrseite. Da waren die Schülerinnen, die die „frommen" Aufsätze nicht schreiben wollten, die manche Deutschlehrerinnen verlangten; hielten sie durch und schrieben ihre eigenen Gedanken, so büßten sie mit schlechten Noten.

Ich entsinne mich eines Untersekundaaufsatzes zum Thema „Advent", von dem die Kollegin mir stolz mehrere Exemplare zeigte: Die jungen Damen schienen nur damit beschäftigt, sich auf das „Kommen des Herrn" vorzubereiten. (Welches Herrn? fragte ich mich im stillen, hatte ich doch die eine oder andere am Arm eines solchen im vorweihnachtlichen Köln getroffen!) In meinem Unterricht waren sie so fromm nicht… Eine einzige hatte gewagt, adventliche Kindheitserinnerungen aus dem Krieg niederzuschreiben: evakuiert im Thüringer Wald, viel Schnee und die Vorfreude auf den Vater, der, vom Militär als „unabkömmlich" freigestellt, zu Weihnachten kommen und mit ihr Fährten suchen würde im Wald.

Diese Arbeit war mit „Vier“ benotet, es sei ja „gar nichts drin“. Das Mädchen wechselte die Schule, mir tat das leid.

Es gab Schlimmeres. Mehrmals habe ich Schülerinnen auf der Suizidstation der Nervenklinik besuchen müssen; für zwei junge Mädchen kam jede Hilfe zu spät. Und die damals, vor der Zeit der Pille und unter Geltung des alten § 218, so häufigen illegalen Abtreibungen mit allen ihren Scheußlichkeiten (der Tierschutzverein würde einschreiten, wollte man mit einem Tier die Manipulationen vornehmen, die die jungen Frauen erleiden mußten)! So manche Muß-Ehen gab es auch, besonders im Anschluß an Karneval, die die jungen Mütter zwangen, ihre Schulausbildung abzubrechen. Um ein wenig Vorbeugung zu leisten, ließ ich zu den oben erwähnten Freizeiten bald eine Ärztin kommen, die den Schülerinnen, die in aller Regel ebensowenig „aufgeklärt“ waren wie wir dereinst, einen sexualkundlichen Vortrag hielt. Allerdings mußte ich zuvor von allen Eltern die schriftliche Erlaubnis einholen, daß ihre Tochter daran teilnehmen dürfe; einer 20jährigen Oberprimanerin wurde sie verweigert, weil sie dafür noch „zu jung“ sei; ich mußte während des Vortrags mit ihr spazierengehen...

Ich habe sicher nicht alles erfahren, was an heimlichen Tragödien lief; aber eins ist gewiß, die „gute alte Zeit“ war das nicht.

Der biblische Unterricht bot lange Zeit die Möglichkeit, in nachdenkliche, manchmal tiefdringende Gespräche über das christliche Verständnis von Mensch und Welt zu kommen. Ich gab ihn mit großer Freude und fand mich deshalb auch gerne bereit, an einem Schulbuch für die gymnasiale Oberstufe, das der Einführung ins Neue Testament gewidmet war, mitzuarbeiten. Dabei machte ich im Unterricht immer wieder die Entdeckung, wievieles erst jetzt zum Leben kam, was ich im Studium „gelernt“, gelesen, durchdacht hatte, ohne doch zu merken, was es wirklich war. Die Fragen und Gedanken der Schülerinnen warfen nicht selten ein ganz unvermutetes Licht auf einen Text, einen Sachzusammenhang; die Lehrerin kam aus dem Entdecken nicht heraus. Wie recht hat Paulo Freire mit seiner These vom Lehrerschüler und Schülerlehrer!

Aber es sollte noch ganz anders kommen. In den frühen sechziger Jahren passierte es zum ersten Mal, daß eine Obertertia sich beklagte: „Warum lesen wir denn diese alten Texte, wo man immer soviel erklären muß? Können wir nicht etwas von heute lesen, was man gleich versteht?" Ich war wie vor den Kopf geschlagen. Gerade hatte ich, wie schon seit Jahren in dieser Stufe, erläutern wollen, daß die „geistlich Armen" nicht die Unintelligenten sind; da kam der Einwand. Er begegnete mir nun in abgewandelter Form immer häufiger. Mir kam es vor, als gingen die Jugendlichen nicht mehr voller Ehrfurcht und Erwartung auf die Bibeltexte zu, bereit, sich geistig auf sie einzulassen und an ihnen zu arbeiten, – als verlangten sie vielmehr ein Fertigmenü, das ohne viel Mühe zu konsumieren sei. Für mich bedeutete diese Erfahrung eine wirkliche Krise. Zuerst suchte ich die Schuld bei mir: war ich vielleicht inzwischen zu alt (mit gut 40 Jahren!), war der Abstand zwischen mir und den Klassen zu groß geworden? Hatte ich vielleicht inzwischen zuviel Routine, ging ich nicht mehr wirklich auf die Klassen ein?

Dann aber fiel mir auf, daß sich offenbar die Jugend selbst veränderte. Ich bot in den Pubertätsjahrgängen seit langem Fragestunden an, zu denen anonyme Fragezettel eingereicht werden durften; lange Zeit kamen ganze Packen von Zetteln, wir brauchten manchmal fast ein Tertial, um all die kleinen und großen Fragen zu bearbeiten. „Warum knicksen die Katholischen, wenn sie in die Kirche kommen?" oder: „Woher weiß man eigentlich, daß nach dem Tod noch etwas ist?"

Diese Fragen versiegten. Es gingen noch ein oder zwei Zettel ein oder auch gar keine; und als eine Schülerin der Untersekunda im Unterricht plötzlich die Frage stellte: „Gibt es eigentlich wirklich einen Gott?", da kam, noch bevor ich anfangen konnte, mit der Klasse zu entfalten, was in der Frage alles steckt, auf einmal die Stimme aus dem Hintergrund: „Ach Gott, warum *reden* wir denn darüber, im Westen glauben wir doch nun mal an Gott!" Die Wahrheitsfrage, die mich und meine ersten Schülerjahrgänge so sehr umgetrieben hatte, war dieser Generation vergangen. An ihre Stelle trat – die Konvention.

Ich glaubte, am Ende zu sein. Ratlos fragte ich meinen Vater, Professor der Medizin, ob es sein könne, daß die Menschheit sich psychisch veränderte. Er wußte keine Antwort. Von Psychologie, Soziologie, Sozialpsychologie hatten weder er noch ich eine Ahnung.

Die Rettung kam von einer meiner Schülerinnen der ersten Stunde, Dorothee Sölle, mit der mich seit ihren Primanerinnentagen persönliche Freundschaft verband. Sie schlug vor, in einer Freundesgruppe Freud, Wilhelm Reich, Herbert Marcuse u.a. zu lesen; es wurde der Anfang einer „Bekehrung zur Gegenwart". Fasziniert wie zur Studienzeit, als ich in die historisch-kritische Bibelwissenschaft eindrang, entdeckte ich eine ganz neue Welt. Übrigens stand ich mit meiner Ahnungslosigkeit nicht allein; eine jüngere Kollegin, hervorragende Deutschlehrerin, fragte mich eines Tages, was Soziologie denn wohl sein könne, müßte doch wohl etwas mit „sozial" zu tun haben... Die „soziologische" Wende im Denken über den Menschen fing gerade erst an.

Theologisch bedeutete der Neuaufbruch für mich: jetzt erst schlug Bonhoeffer in meinem Denken wirklich durch. Nicht als ob er psychologisch oder soziologisch gedacht hätte; aber den Blick dafür, daß die Menschen anders geworden seien, nicht mehr „religiös" sein konnten, hatte er gehabt. Seine Frage danach, wer Christus für uns heute wirklich sei, erwies sich als zentral. Es galt, die Menschen, auch meine Schülerinnen, so zu nehmen, wie sie gegenwärtig waren – nicht um sie dann mit Hilfe irgendwelcher Tricks nach *meinem* Bild zu formen, ihnen *meine* Fragen unterzuschieben, sondern um zu entdecken, was der Glaube für *sie* bedeuten könnte, in ihrer heutigen Situation.

Eines fiel mir bald auf: Die Schülerinnen hatten eine sehr pessimistische Auffassung vom Menschen und seinen moralischen und politischen Möglichkeiten.

Naboth, der dem König seinen Weinberg nicht verkaufen wollte und darüber zu Tode kam, erschien ihnen töricht; er sei selbst schuld an seinem Tod, mit dem, der die Macht habe, dürfe man sich nicht anlegen. Nachdem diese Äußerung in einer Untersekunda gefallen und von fast allen bestätigt worden war, testete ich die übrigen Mittel- und Oberklassen ab: überall dasselbe Ergebnis. Die vertrauten Gestalten der Bibel, die den Mächtigen entgegentraten, Propheten, Apostel, Jesus selbst, aber auch Luther, erschienen auf einmal in einem fremdartigen Licht: Warum taten sie das? Gab es irgend etwas, was so wichtig war, daß es sich lohnte, das eigene Leben dafür zu gefährden? „Niemand läßt freiwillig sein Leben für andere, außer wenn er sowieso lebensüberdrüssig ist; dann ist er aber krank. Frau Veit, das gibt es nur im Lesebuch, aber nicht in Wirklichkeit!" Eine Oberprimanerin sagte das. Nun, das wußten wir besser, die Diktatur und Krieg erlebt hatten; große Beispiele (wie Maximilian Kolbe) und kleine aus dem eigenen Umkreis konnte ich berichten. Tiefes Stillschweigen folgte. Ich weiß noch, wie ich abschloß: „In Wohlstandszeiten unterschätzt man, glaube ich, den Menschen"...

Was für ein Bild vom Menschen hatten wir eigentlich weitergegeben in Kirche und Religionsunterricht? Mit einem Male fiel mir auf, daß zwischen der Bibel und dem üblichen kirchlichen Denken ein gewaltiger Unterschied bestand.

Schicksalsergebenheit galt als fromm, aber die biblischen Glaubenden ergeben sich ja gerade *nicht*, werfen sich dem „Schicksal" entgegen, bis es „den Herrn gereut" und er das Übel nicht schickt: Abraham und Mose, Amos und die Niniviten Jonas, das kanaanäische Weib und die bittende Witwe sind Kronzeugen; und das Vaterunser mit seiner eschatologisch-drängenden Bitte: „Dein Wille möge endlich auch auf Erden geschehen, so wie jetzt schon im Himmel" ist schlicht ins Stoische verfälscht, wenn es gehört und gebetet wird als Schicksalsunterwerfung. „Die Eltern ehren" heißt nicht Unterwerfung unter „Eltern und Herren", sondern Fürsorge für die Altgewordenen...

M. a.W.: Ich bemerkte, daß die emanzipatorische Seite des biblischen Denkens über den Menschen schlicht weginterpretiert worden war, in langer Tradition. Kein Wunder, daß die aktivierende, Mut und Initiative weckende Kraft des Glaubens fast unbekannt geworden war. Wieviel traut aber Paulus, der zum eigenen Urteil ermutigt (Phil 1,9; 1 Thess 5,21; 1 Kor 6,12, 10,23; Röm 14,5), wieviel Jesus dem handelnden Christen zu! Gottvertrauen nicht als passiv hinnehmendes (*das* prägte evangelische Frömmigkeit, allein schon durch die herrlichen Lieder unseres Gesangbuches), sondern als aktiv zufassendes, um eine bessere Zukunft für alle kämpfendes, das steht noch immer unter Häresieverdacht. Wie zu Zeiten Gottfried Arnolds... Klassisch formulierte es eine Untersekundanerin: „Die Marxisten glauben, man könnte die Welt besser machen; aber wir wissen, daß das nicht geht ...Der Mensch ist viel zu schlecht dazu". Hauptsache, es geht ihm gut dabei, konnte ich nur erwidern. Aber es war ja nicht nur der Wohlstand scheinbar gesicherter Zeiten, der die Schülerinnen gering vom Menschen denken ließ. Eine mächtige, falsche Tradition vor allem im deutschen Protestantismus stützte dieses Vorurteil auch da noch, wo die Religion längst „neutralisiert", als solche gar nicht mehr richtig gekannt war.

Das bedeutet aber: Viel wichtiger als die historische Kritik ist Ideologiekritik am kirchlichen Denken. Welche unbefragten Vormeinungen man einträgt in die biblischen Texte , bis sie nicht mehr ihr Eigenes, sondern eher das Gegenteil aussagen, das wird bis heute in der Exegese viel zu wenig bedacht. Bis zur Stunde entdecke ich immer wieder Neues zu diesem Thema.

In den Jahren 1968 bis 1973 ging ich durch eine einzigartige Schule, die mir hierin weiterhalf: die des „Ökumenischen Arbeitskreises Politisches Nachtgebet" in Köln.

Katholische *Theologen* und *Laien*, vom Zweiten Vatikanischen Konzil inspiriert, hatten 1967 einen ökumenischen Gesprächskreis ins Leben gerufen, zu dem Dorothee Sölle und ich eingeladen wurden. (Wie *neu* dieses Gespräch über Konfessionsgrenzen hinweg damals war, kann gut 20 Jahre später schon kaum jemand mehr nachvollziehen.) Die ersten Themen waren Sakramente, Amtsverständnis, „Mischehen". Aber es war ja nicht nur die Zeit ökumenischen, sondern auch politischen Erwachens; der Vietnamkrieg beschäftigte uns, und wir beschlossen, auch praktisch etwas zu tun. Als eine der ersten Aktionen schrieben wir alle Pfarrer von beiden Kirchen in Köln zu Weihnachten 1967 an mit der Bitte, im Weihnachtsgottesdienst nicht nur allgemein vom „Frieden auf Erden" zu reden, sondern in einer Abkündigung oder in einem Gebet (für beides boten wir Texte an) für die Beendigung des Krieges in Vietnam einzutreten. Der Erfolg war minimal. So entschlossen wir uns, eigene Gottesdienste zu halten, die im ersten Teil politische Information, dann biblische Meditation dazu, Aktionsvorschlag und Diskussion enthalten sollten. Der Anfang wurde am Karfreitag 1968, einen Tag nach den Schüssen auf Rudi Dutschke, auf dem Kölner Neumarkt gemacht, mit Lautsprecheranlage vom WDR, zum Thema „Golgatha ist Vietnam". Vom Herbst 1968 bis zum Sommer 1973, als wir beim Düsseldorfer Kirchentag zum ersten Mal innerhalb des Programms mit einem „Politischen Nachtgebet" (der Name war inzwischen eingebürgert und ist zum Markenzeichen geworden) auftraten, haben wir mit dem auf ca. 180 Mitglieder gewachsenen Arbeitskreis erst jeden, dann jeden zweiten Monat einen solchen Gottesdienst gehalten.

Das andere kirchliche Klima bei kritischen Katholiken, die emotional meist soviel besser ernährt sind als wir; die Bearbeitung von Gruppenproblemen, die natürlich nicht ausblieben, und der Umgang mit Flügelkämpfen; überhaupt mitarbeitendes Gruppenmitglied zu sein, statt wie bisher fast nur auf sich allein angewiesen zu bleiben – das waren wichtige Lernerfahrungen. Vor allem aber: Hinter allen politischen Problemen, die wir aufgriffen, tauchten ökonomische Ursachen auf. Jetzt mußte Marx gelesen werden, dessen Analysen mir, die ich gewohnt war, falsche „Gesinnung" des einzelnen als Grund allen Übels anzusehen, zuerst sehr schwer fielen. Welche große Rolle das Problem des Privateigentums, besonders an Produktionsmitteln, in der ganzen Kirchengeschichte gespielt hat, das fiel mir jetzt erst auf. Darüber ist seither ja viel gearbeitet worden; für mich war es damals neu.

1973, kurz nach dem Sturz Allendes, gründete ein Teil unseres Arbeitskreises zusammen mit holländischen Freunden in Arnhem die deutsche und die holländische Sektion der „Christen für den Sozialismus". Seither finde ich mich im lebendigen Austausch mit der christlichen Linken Europas und darüber hinaus, mit Basisgemeinden, Initiativen, Kollegen. Und finde mich, im Alter von 67 Jahren, voll im Strom eines Neubeginns. Wohl haben wir etwas einzubringen in die Diskussion, wir deutschen evangelischen Theologen; zu lernen aber haben wir noch mehr.

Und mein Beruf? In den Jahren 1970-72 wurde ich in vier der Richtlinienkommissionen für evangelische Religionslehre in Nordrhein-Westfalen berufen, von denen die für die Kollegstufe NRW mit ihren integrierten Kursen die meiste, aber auch interessanteste Arbeit bereitete. Natürlich gingen meine neuerworbenen Perspektiven mit in diese Tätigkeit ein: „Problemorientierung" war meine Sache, allerdings eine theologisch fundierte, zugunsten des besseren Verständnisses nicht *nur* der Gegenwart, sondern gerade *auch* der Bibel und der Theologie. Für „problem-orientierten *Bibel*unterricht" trat ich in Vorträgen von da an immer wieder ein. Lehrerfortbildung in staatlichem und kirchlichem Auftrag, aber auch mit der „Gemeinschaft evangelischer Erzieher" in freier Trägerschaft, gehörte (und gehört) zu meinen Aufgaben; zudem war ich Fachleiterin im Studienseminar und Mitglied des Wissenschaftlichen Prüfungsamtes Köln geworden. Kirchlich arbeitete ich in

Presbyterium, Kreissynode und Kreissynodalvorstand mit, erlebte dort z. B. die Auseinandersetzungen um den Sonderfonds des Antirassismusprogramms, aber auch die Auswirkungen des Zweiten Vatikanischen Konzils mit (neue „Mischehen"-Regelung). Es war eine besonders arbeitsreiche Zeit. Die gleichzeitige Tätigkeit in einer Basisinitiative (Politisches Nachtgebet) *und* in der kirchlichen Institution ließ mich Chancen und Probleme *beider* Arten christlichen Handelns deutlich erkennen.

Seit 1972 lehre ich in Gießen Didaktik des Religionsunterrichts. Angesichts des starken fundamentalistisch-evangelikalen Einflusses auf unsere Studierenden muß ich z. T. wieder Aufgaben anfassen, wie ich sie in meinen ersten Lehrerinnenjahren vor mir sah. Hinzu tritt die Arbeit an der „Befreiung der Bibel" im oben beschriebenen Sinn. Meine Forschungsarbeit bezieht sich vor allem auf die Situation der Jugend in bezug auf den Glauben. Neue Anregungen brachte ein Zwischensemester an der lutherischen Fakultät in Sao Leopoldo/Brasilien, wo ich 1979 fünf Wochen leben und lehren konnte (Thema: „Gesellschaftliche Konsequenzen von Religion und Theologie").

Mein Ruhestand wird der christlichen Linken gehören – ubi et quando visum est Deo.

*Quelle:*
Hg. Rainer Lachmann/Horst Rupp, Lebensweg und religiöse Erziehung. Religionspädagogik als Autobiographie. Weinheim 1989

## Anmerkungen

1 Die Ambivalenz des Mittelstandes!
2 In: Die Kraft geht von den Kindern aus, Lollar 1978, (Edition zweitausend Bd. 57), 91ff. Vgl. auch H. Roth, Die besseren Blöden sprechen für sich, in: M. Veit, Stumme können selber reden, Wuppertal 1978.
3 Bateson u. a., Schizophrenie und Familie, Frankfurt 1969.
4 D. Riesman, Die einsame Masse, Hamburg 1958.
5 E. Fromm, Psychoanalyse und Ethik, Zürich 1954 (Der englische Titel lautet „Man for himself"!).
6 In: Th. Ziehe/H. Stubenrauch, Plädoyer für ungewöhnliches Lernen, Hamburg 1982, 261.
7 H. J. Döpp, Narziß: Ein neuer Sozialisationstyp?, im gleichnamigen Sammelband, hg. v. Häsing, Stubenrauch, Ziehe, Bensheim 1980.
8 H. v. Hentig, Was ist eine humane Schule? München 1976, 44.
9 Beschrieben vor allem in der Narzißmus-Forschung, s. z. B. Anm. 7.
10 Döpp, a. a. O., 21.
11 Vgl. zum entsprechenden studentischen Milieu J. Link, Das goldene Zeitalter, Frankfurt 1981.
12 Vgl. E. Fromm, Haben oder Sein, Stuttgart 1982.
13 Christiane F., Wir Kinder vom Bahnhof Zoo, Hamburg[23] 1981, 106ff.
14 Vgl. Anm. 2.
15 F. Steffensky, Feier des Lebens, Stuttgart 1984, 70.
16 H. E. Richter, Zur Psychologie des Friedens, Hamburg 1982, 65ff.
17 So nur zu richtig Steffensky, a. a. O., 71.
18 Döpp, a. a. O., 20.
19 Nr. 8/84, 58ff.
20 D. Bonhoeffer, Widerstand und Ergebung, München 1951 (in den „Gedanken zum Tauftag von D. W. R.", Mai 1944).
21 Vgl. dazu Fromms Äußerungen über die Krankheit der Realisten, a. a. O., 104f., und meinen Aufsatz „Kann Moralität ein Lernziel sein?", in: G. Dautzenberg u. a. (Hg.), Theologie und Menschenbild, Frankfurt/Bern/Las Vegas 1978, 103ff.
22 H. Lefebvre, Kritik des Alltagslebens, Bd. 3, München 1975, 8.
23 Christiane F., a. a. O., 326ff
24 Muß bei der Hochzeit vom Tode die Rede sein??
25 Noch in den fünfziger Jahren erlebte ich, daß eine 20jährige Primanerin an einem sog. „Aufklärungsvortrag" nicht teilnehmen durfte, da sie dafür noch zu jung sei!
26 Und außerehelichen Sexualbeziehungen überhaupt
27 Döpp, a. a. O., 22.

28 Vgl. J. Schumacher, Die Angst vor dem Chaos, Frankfurt/M. 1978.

29 Was S. Freud zum unbewußten Sexualneid der Älteren zu sagen hatte, sollte ebenso voll ins Bewußtsein genommen werden, wie seine Beschreibung der unguten Folgen langer Jugendabstinenz, z. B. in den „Beiträgen zur Psychologie des Liebeslebens“ (1910-1912), in: Ges. Werke, Bd. VIII, 65ff.

30 2 Kor 1,24.

31 Ziehe, in: Ziehe/Stubenrauch (Hg.), a. a. O., 127ff.

32 Vgl. M. Veit, Die Psalmen und wir, EvErz 32 (1980), 467ff.

33 Daß der genannte Lehrer konfessionslos ist, sich als (toleranten) Atheisten versteht, hat demgegenüber mit „Gottesleugnung“ natürlich nichts zu tun!

34 Riesman, a. a. O., 320.

35 Hebr 13,9!

36 Vgl. zum Folgenden H. E. Richter, Der Gotteskomplex, Reinbek 1979 (passim).

37 Die wenigen männlichen Studenten wählen gern das Fach Sport: Wer die Fußballjugend trainiert, kriegt Beziehungen und rutscht eines Tages in eine Beamtenstelle hinein - auch eine Chance, die Frauen nicht offensteht!

38 Vgl. noch D. Bonhoeffers „Traupredigt aus der Zelle“, publiziert in den verschiedenen Ausgaben von „Widerstand und Ergebung“, hg. v. E. Bethge.

39 Vgl. die Gestalten der Mirjam, der Debora: F. Crüsemann u. a., Als Mann und Frau geschaffen, Gelnhausen 1978.

40 D. Stoodt, Religiöse Sozialisation und emanzipiertes Ich, in: K. W. Dahm u. a., Religion - System und Sozialisation, Darmstadt/Neuwied 1972, 220ff.

41 Daß „Psyche“ im wissenschaftlichen Sinn nicht identisch ist mit der „Seele“ der älteren Sprache, wird weiter unten deutlicher werden. Sicher ist aber, daß „Psyche“ mit „Seele“ zusammenhängt - unsere Psyche ist Teil unseres Schicksals.

42 So treffend F. Gogarten in „Weltanschauung und Glaube“, Furche 1937.

43 Dazu s. u.

44 „Die einsame Masse“, Rowohlt 1958.

45 „Das Veralten der Psychoanalyse“, in Kultur und Gesellschaft 2, ed. Suhrkamp 1970.

46 Riesman, a. a. O., 35 u. ö.

47 Vgl. Riesmans Bild von der „seelischen Radaranlage“, mit deren Hilfe Impulse der Altersgenossen aufgefangen werden, 69 u. ö.

48 Marcuse, a. a. O., 106.

49 Vor allem: Psychoanalyse und Ethik, 2. Aufl. Zürich 1954.

50 A. a. O., 82ff.

51 A. a. O., 85.

52 S. 87.
53 S. 89.
54 S. 92.
55 S. 91.
56 Vgl. die in meinem Aufsatz „Die Wahrheitsfrage im biblischen Unterricht“ mitgeteilte Erfahrung, Theol. Pract. 3/70, 261.
57 Leider von Erziehern manchmal mit der gesunden Faulheit früherer Schülergenerationen verwechselt!
58 Vgl. dazu auch Dieter Duhm, Warenstruktur und zerstörte Zwischenmenschlichkeit. Kübler 1975.
59 Vgl. aber die entsetzlichen Ergebnisse des Milgram-Experiments in den USA 1960, am Max-Planck-Institut in München 1970, bei denen 75 Prozent bzw. 84 Prozent der Versuchspersonen bereit waren, auf Befehl einer Autorität bis zum Tode zu foltern!
60 In: „Religionspädagogisches Werkbuch“, hrsg. v. Dieter Zillessen, Diesterweg 1972, 50.
61 Vgl. Phil. 1,9f., 1. Thess. 5,21; 1. Kor. 6,12 u. 10,23 - „die Bibel setzt normal entwickelte Menschen voraus“, formulierte ein Sekundaner hierzu.
62 „Freiheit“ des intelligiblen Ich und die psychologisch erfaßbaren Gegebenheiten des Es-Ich-Überich-Modells dürften zusammen in dem enthalten sein, was in der älteren Sprache „Seele“ heißt. Das eingangs gebrauchte Bild könnte also weiter ausgeführt werden: die psychologisch erfaßbare Charakterstruktur sei der Wagen, die „Freiheit“ der Fahrer - sofern der Wagen noch bedienbar ist. - Wichtig ist vor allem die Frage, wie das Freud'sche Ich, dessen Entwicklungsstufen, Auflösungs- und Rekonstruktionsschritte vor allem aus der Schizophrenieforschung und -therapie bekannt sind (vgl. z. B. M. Sechehaye, Tagebuch einer Schizophrenen, ed. Suhrkamp 1974) mit der Freiheit des intelligiblen Ich (das schon laut Kant nur der Eigenerfahrung zugänglich ist), zusammenhängt.
63 Vor allem: „Wachstum und Krisen der gesunden Persönlichkeit“, jetzt in „Identität und Lebenszyklus“, Suhrkamp 1966; ferner: „Kindheit und Gesellschaft“, 2. Aufl. Klett 1965.
64 Jugendliche ohne Überich werden hoffnungslos kriminell und, da keine Instanz vorhanden ist, an die appelliertwerden könnte, auch immer wieder rückfällig - sofern es nicht gelingt, ein Überich nachzuentwickeln. Vielfältige Forschungsergebnisse dazu in der Zschr. Psyche Jahrg. 1965-69 u. ö.
65 Die Analogie zur theologischen Einsicht des Vorrangs der Gnade vor allem Tunkönnen ist faszinierend und harrt noch der sorgfältigen theoretischen Bearbeitung.
66 S. o.
67 Von Erikson wird berichtet, er habe es gelegentlich als schlimmsten Mangel der weißen Industrienationen bezeichnet, daß es in ihnen „so wenig Erwachsene“ gebe!

68 Vgl. hierzu Phil. 1,9-11 und Röm. 14
69 Vgl. Anm. 65.
70 In „Die Zukunft des Glaubens“, Benzinger 1968, 125.
71 Ebd.
72 Vgl. hierzu die achte Duineser Elegie R. M. Rilkes
73 Zum Bild des “Rufes“ für die rel. Erfahrung vgl. Hans Jonas, Gnosis und spätantiker Geist I, 3. Aufl. 1964, 120ff.
74 Vgl. dazu D. Sölle, Stellvertretung, Kreuz-Verl. 1963, Kap. III.
75 Vgl. hierzu Dewarts Untercheidung zweier Arten von Atheismus, a. a. O., 54ff.
76 „Widerstand und Ergebung“, Brief v. 21. 7. 44.
77 So in einem Teil der Sartre'schen Dichtung, z. B. der Roman-Trilogie „Wege der Freiheit“, während der Begriff der „sincerité“ bzw. „authenticité“ in seinen theoretischen Schriften eines inhaltlich-moralischen Sinnes nicht zu entkleiden ist.
78 A. a. O., 104f.
79 Ebd., 105f.
80 Ebd., 106.
81 Sehr gut dargestellt in „Schizophrenie und Familie“, Suhrkamp Theorie 2, 1972.
82 Dorothee Sölle/Horst Goldstein (Hrsg.), „Dank sei Gott und der Revolution“, rororo 1984, 129ff.
83 Tomás Borge Martinez, Die Revolution kämpft gegen die Theologie des Todes. Freiburg (Schweiz)/Münster 1984.
84 Antonio Reiser/Paul Gerhard Schoenborn, Basisgemeinden und Befreiung. Wuppertal 1981, 282f. Der gleiche Fall in: Sölle/ Goldstein, a. Anm. 82, 51f.
85 Eine Auswahl in: Ernesto Cardenal, Das Buch von der Liebe, Gütersloh 1977.
86 Vgl. Rechter Glaube = Rechte Politik?! Der Vormarsch der Neo-Konservativen und der Neuen Religiösen Rechten in die Welt-Politik. Hamburg 1986. Kontaktadresse: Veit, Sudetenstr. 6, 3550 Marburg.
87 S. Anm. 84, 214f.
88 S. Anm. 85, 121.
89 Ebd., 107.
90 S. Anm. 84, 62.
91 S. Anm. 83, 20f.
92 S. Anm. 82.
93 S. Anm. 84, 341 u. 344.
94 S. Anm. 83, 39 und Rückseite.
95 Frankfurter Rundschau vom 1. 2. 1986, 5.
96 Vgl. H. Pawlowski, Das Geschäftsrisiko ist zu groß, in: Publik Forum Nr. 11, 13 (1984), 2.
97 England hat, bei weit größerem Terror, nicht einmal einen Perso-

nalausweis! „Zu Hause“ will man nicht überwacht werden, wo demokratisch empfunden wird.

98 Zur infantilisierenden Wirkung von Religion vgl. S. Freud, Die Zukunft einer Illusion, Gesammelte Werke Band 14, Frankfurt/Main 31965, 323ff.

99 M. Luther, Daß diese Worte Christi „Das ist mein Leib“ noch feststehen, 1527, WA 23, 245.

100 K. N. Micskey, Artikel „Gewißheit“, in: Taschenlexikon Religion und Theologie, Göttingen 1971, 352f.

101 Hebräer 13,9.

102 M. Luther, in: Epistolam Pauli ad Galatas Commentarius, 1519, WA 2, 453. (Übs.: K. Aland, Lutherlexikon, Stuttgart 1957, 262).

103 Ders., Das schöne Confitemini, 1529/30, WA 31 I, 177.

104 Ders., Die ersten 25 Psalmen auf der Koburg ausgelegt, 1530, WA 31 I, 372.

105 Ders., 344.

106 Ders., Vorlesung über Jesaja, 1527/29, WA 25, 114.

107 Ders., 212.

108 Ders., Vorlesung über die Stufenpsalmen, 1532/33 WA 40 III, 387f.

109 Lukas 18,9-13.

110 Vgl. die Selbstbezeichnung der Pharisäer als Chaberim, Verbundene (das deutsche Wort „Genossen“, das die „in der Not Zusammenstehenden“ bezeichnet, möchte ich an dieser Stelle nicht verwenden).

111 G. Marcel, Sein und Haben, Paderborn 1954, 78.

112 Ders., ebd.

113 In: J. de Broucker, Dom Helder Camara. Die Leidenschaft des Friedensstifters, Graz-Wien-Köln 1969,237.

114 E. H. Erikson, Wachstum und Krisen der gesunden Persönlichkeit, in: Identität und Lebenszyklus, Frankfurt 1966, 55ff.

115 Der Aufsatz war ursprünglich ein Gutachten für das Weiße Haus, zwecks Verbesserung der amerikanischen Erziehung nach dem Sputnik-Schock.

116 So Erikson im letzten Satz seines Gutachtens.

117 Ein Jugendleiter des CVJM berichtete mir noch in den sechziger Jahren, daß bei einer Arbeitstagung mit seinen Kollegen alle ausnahmslos die Frage, warum sie als Halbwüchsige einmal in den CVJM eingetreten seien, beantworteten mit dem Hinweis auf ihre Schuldgefühle wegen der Onanie, für die sie Abhilfe gesucht hätten!

118 s. Anm. 67

119 E. H. Erikson, 117f.

120 Mitgeteilt in: U. Leupold. Die liturgischen Gesänge der evangelischen Kirche im Zeitalter der Aufklärung und der Romantik, Bärenreiter-Verlag, 1933.

121 Aus: D. Sölle, Spiel doch von Brot und Rosen. Gedichte, Berlin 1981.

122 16. 1. 1988, S. ZB 2

123 Bekanntlich Dietrich Bonhoeffers Formulierung für die Aufgabe von Christen und Kirche.

124 Dietrich Bonhoeffer, Brief vom 21. 7. 44; in „Widerstand und Ergebung".

125 Vgl. Wladislaw Bartoszewski, Der Todesring um Warschau, 1939-1944. Warszawa 1969.

126 Zuerst veröffentlicht in H. Lachmann/H. F. Rupp (Hg.), Lebensweg und religiöse Erziehung. Religionspädagogik als Autobiographie, Weinheim 1989.

## Zeitgeschichte

im Peter Hammer Verlag

Martin Schröter

**Held oder Mörder?**

Bilanz eines Soldaten Adolf Hitlers

Vorwort von Anatolij Frenkin (UdSSR)

168 Seiten

Dieter Bach (Hg)

**Kriege enden nicht im Frieden**

Ein Arbeitsbuch zum deutschen Überfall auf die Sowjetunion 1941 und die Folgen

188 Seiten, Großformat

Heike Liebsch

**Dresdner Stundenbuch**

188 Seiten

Werner Reichelt

**Das braune Evangelium**

Hitler und die NS-Liturgie

200 Seiten

Uwe Birnstein

**„Gottes einzige Antwort..."**

Christliche Fundamentalisten im Vormarsch

220 Seiten

Kataloge kostenlos

**Peter Hammer Verlag**

Postfach 20 04 15, 5600 Wuppertal 2

Ernesto Cardenal
**Das Buch von der Liebe**

„Das Buch von der Liebe"
(Vida en el amor),
Meditationen des weltberühmten Autors aus
der Zeit des Klosters in Gethsemani/Kentucky,
gehört zu den schönsten Texten, die der
Dichter aus Nicaragua geschrieben hat. Übersetzt
in 18 Sprachen, wurde das „Buch von der Liebe"
ein Klassiker moderner Meditationsliteratur,
ein Stück großer Dichtung, ein bleibender
Text auch für kommende Generationen.
In Übereinstimmung mit dem Autor hat
Conrad Contzen, Fotograf aus Westfalen und
langjähriger Freund Cardenals, die thematischen
Sequenzen des Buches fotografiert und ein
Geschenkbuch gestaltet, das für viele Gelegenheiten
nützlich und brauchbar ist.

Geschenkband in großem Format
mit 26 Farbfotos von Conrad Contzen
72 Seiten, gebunden, DM 28,80

**Peter Hammer Verlag**